Marco Antonio Silveira

MESTRE E DOUTOR EM HISTÓRIA SOCIAL PELA USP

A VOLTA DA DEMOCRACIA NO BRASIL (1984-1992)

Selecionado para o Programa de Bibliotecas das Escolas Estaduais – GO 2001, para o Cantinho de Leitura – GO e pela Secretaria Executiva de Educação do Pará

QUE HISTÓRIA É ESTA?

Conforme a nova ortografia

Editora Saraiva

Copyright © Marco Antonio Silveira, 1997

Editora
Claudia Abeling-Szabo
Projeto e coordenação
Joaci Pereira Furtado
Assistente editorial
Nair Hitomi Kayo
Pesquisa iconográfica
Roberto Yokota
Supervisão de revisão
Pedro Cunha Jr. e Lilian Semenichin

Edição de arte
Nair de Medeiros Barbosa
Projeto gráfico
Christof Gunkel
Diagramação
Maria Angela da R. e Silva
Capa
Angra Comunicação Visual

Capa: trabalho desenvolvido a partir de fotos de Oswaldo Palermo/Agência Estado e Iugo Koyama/Abril Imagens.

Dados Internacionais de Catalogação na Publicação (CIP)
(Câmara Brasileira do Livro, SP, Brasil)

Silveira, Marco Antonio, 1967 –
   A volta da democracia no Brasil (1984-1992) / Marco Antonio Silveira. — São Paulo : Saraiva, 1998. — (Que história é esta?)

   Bibliografia.
   ISBN 978-85-02-02604-9
   ISBN 978-85-02-02605-6 (professor)

   1. Democracia – Brasil 2. História (ensino fundamental) I. Título. II. Série.

98-0589   CDD-372.89

Índice para catálogo sistemático:

1. História : Ensino fundamental   372.89

2ª edição/4ª tiragem
2011

Para Katia,
mais que irmã.

Todas as citações de textos contidas neste livro estão de acordo com a legislação, tendo por fim único e exclusivo o ensino. Caso exista algum texto a respeito do qual seja necessária a inclusão de informação adicional, ficamos à disposição para o contato pertinente. Do mesmo modo, fizemos todos os esforços para identificar e localizar os titulares dos direitos sobre as imagens publicadas e estamos à disposição para suprir eventual omissão de crédito em futuras edições.

Rua Henrique Schaumann, 270 – Pinheiros – São Paulo-SP
Tel.: PABX (0**11) 3613-3000 – Fax: (0**11) 3611-3308
Fax Vendas: (0**11) 3611-3268 – Atendimento ao Professor: 0800-0117875
Endereço Internet: www.editorasaraiva.com.br – E-mail: paradidatico@editorasaraiva.com.br

Sumário

Introdução

A ditadura 4
Geisel e a "abertura" 5
Figueiredo e a crise 7

1.
O movimento das "Diretas-já"

Um cenário de crise 8
O povo quer votar 13
As articulações no Colégio Eleitoral 15
A morte de Tancredo 17

2.
A assim chamada "Nova República"

O governo Sarney 19
A inflação e o Plano Cruzado 20
A Assembleia Nacional Constituinte 22

3.
Enfim, as Diretas

Crise econômica e eleições 24
O governo Collor 28
As denúncias de corrupção 32
A CPI e o impeachment 34

Conclusão, 37

Cronologia, 40

Bibliografia, 42

A que assistir?, 45

Introdução

1984 está na memória de muitos brasileiros. Nesse ano, ocorreram inúmeras passeatas e comícios por todo o Brasil, envolvendo trabalhadores, estudantes, donas de casa, políticos de diversos partidos, artistas, empresários e muitos outros. O objetivo de tamanha manifestação era a reconquista do direito de votar para presidente. Afinal, desde o golpe de Estado dado pelos militares em 1964 que não se elegia diretamente aquele que ocupava o cargo máximo da República.

As eleições presidenciais vinham sendo realizadas de modo indireto, isto é, eram os parlamentares eleitos pela população que escolhiam, através do Colégio Eleitoral, o novo presidente. Essa forma de pleito representava apenas uma das incontáveis decisões impostas pelo governo militar, que tinha como meta centralizar o poder e excluir boa parte da sociedade brasileira da participação política. Vivia-se uma ditadura.

A ditadura

O golpe de 1964 havia sido dado em nome da "ordem" e do "anticomunismo". Os militares nele envolvidos viam com reservas a intensidade dos movimentos populares da década de 1960, bem como temiam que as ideias socialistas e revolucionárias, atuantes em várias partes do mundo, influenciassem os rumos do Brasil. Dentro das próprias Forças Armadas vinham surgindo movimentos reivindicatórios que contestavam a hierarquia militar. Embora toda essa efervescência social do período pudesse ser compreendida como exercício de democracia, os militares, em nome da "salvação nacional", derrubaram o então presidente João Goulart, aboliram os direitos políticos

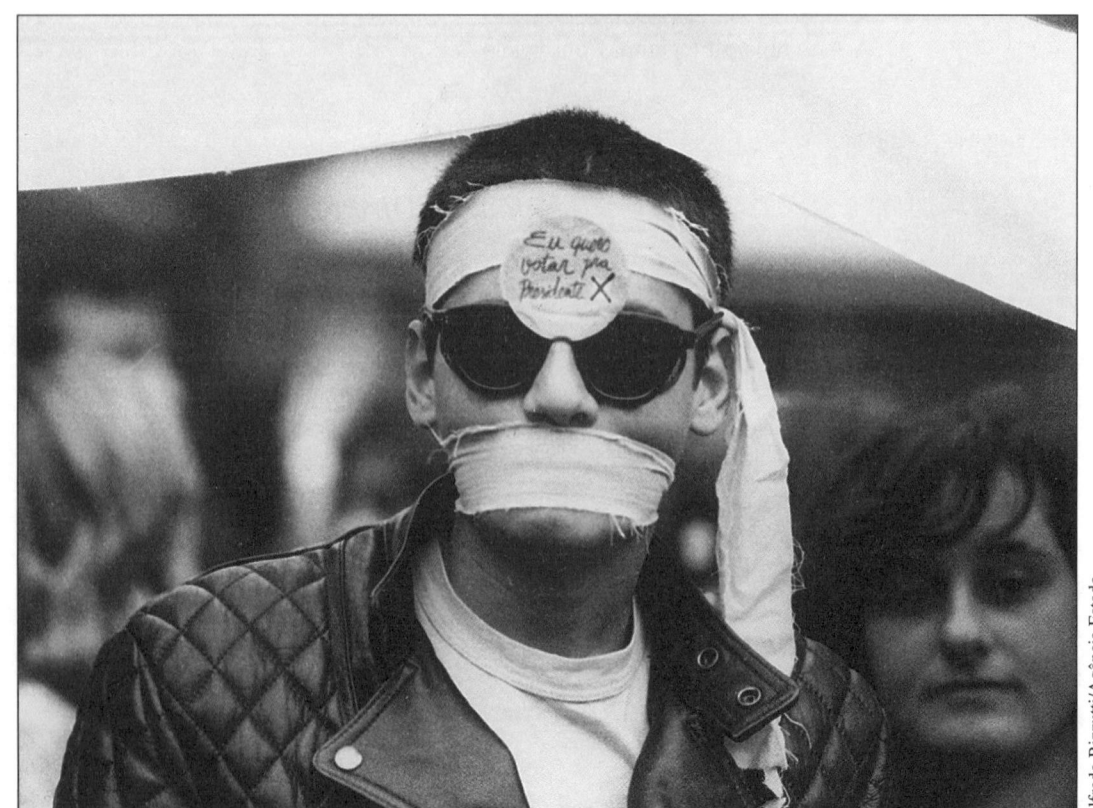

Manifestante pró-eleições diretas, abril de 1984. A ditadura imposta pelos militares brasileiros em 1964 criou vários obstáculos à manifestação social e política. A campanha pelas Diretas, organizada duas décadas após o golpe, canalizou o desejo de expressão popular.

dos parlamentares, censuraram a imprensa e passaram a perseguir os grupos que lhes faziam oposição.

No entanto, os militares que tomaram o poder em 1964 não possuíam uma forma única e comum de encarar a ditadura e os problemas brasileiros. Havia, basicamente, dois grupos principais que propunham soluções diferentes para o Brasil. De um lado, um setor mais "moderado" desejava "restabelecer a ordem" e logo depois reconduzir os civis ao poder. Para eles, o golpe significava uma intervenção necessária e temporária para afastar os "perigos internos e externos" que ameaçavam o país. De outro, a chamada "linha-dura" avaliava que somente a permanência a longo prazo dos militares no poder possibilitaria o fim do "perigo comunista", assim como a implantação de um projeto de desenvolvimento econômico.

O governo do general Emílio Garrastazu Médici (1969-74), representante da "linha-dura", consistiu na fase mais brutal e autoritária de todo o período ditatorial. Com o objetivo de combater a luta armada que se opunha à ditadura, o presidente passou a ter poderes excepcionais, direitos civis foram cassados, a tortura de presos políticos se alastrou e constituiu-se toda uma rede de serviços de informações e espionagem. Os vários órgãos de repressão formaram uma espécie de poder paralelo que, "em nome da pátria", matava e torturava oposicionistas. Uma forte propaganda passou a ser veiculada nos meios de comunicação, ensinando que o Brasil dos militares era "um país que vai pra frente".

Do ponto de vista econômico, vivia-se o que se chamava "milagre": através de vultosos empréstimos externos e de uma forte presença do Estado nos variados setores da economia, o país se industrializava rapidamente e via as cidades crescerem; pregava-se a ideia de um "Brasil potência", isto é, um Brasil rico, desenvolvido, que pudesse participar do grupo das nações poderosas. Contudo, embora a riqueza brasileira aumentasse, ela não era distribuída igualmente por toda a população. Na verdade, a concentração de renda e o abandono, por parte do governo, dos programas sociais foram tornando o Brasil um dos países mais injustos e desiguais do mundo.

Agência Estado

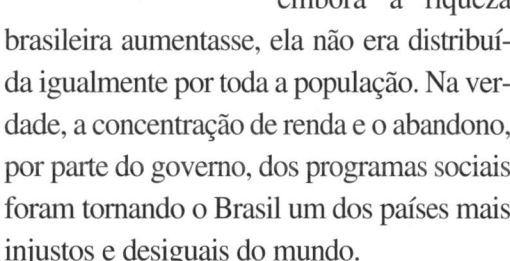
O presidente Médici, em foto de 1972. Seu governo representou um dos momentos mais violentos do período ditatorial. Escorado no "milagre brasileiro", Médici reforçou a perseguição política e a tortura.

Geisel e a "abertura"

A eleição, no Colégio Eleitoral, do presidente Ernesto Geisel (1974-79) significou uma tentativa do grupo moderado de conter os excessos do governo Médici. Com Geisel, iniciava-se um processo de

Manifestantes na Galeria do Congresso Nacional, em 1979: parentes e amigos dos desaparecidos sob o regime militar.

O presidente Geisel, em foto de 1979, com o ministro do Exército Sylvio Frota ao fundo. Ao mesmo tempo que desenvolveu uma política econômica voltada à tarefa de contornar as consequências do "milagre econômico", Geisel procurou implantar o que chamou de "abertura lenta, gradual e restrita".

"abertura" política, isto é, procurava-se conter os órgãos de repressão, permitir certa liberdade de imprensa e respeitar algumas manifestações populares. As mudanças políticas propostas pelo presidente Geisel tinham por objetivo atrair para o regime militar influentes grupos políticos e econômicos (empresários, grandes proprietários rurais, banqueiros etc.), que dele haviam se distanciado devido à forte repressão desencadeada pela "linha-dura". Ademais, naquele momento, já havia algum tempo que a oposição se organizava — principalmente sob a liderança do deputado Ulysses Guimarães —, e a "abertura" poderia controlar seu crescimento, à medida que o governo conseguisse recuperar o apoio popular.

Geisel implementou também uma nova política de crescimento, consolidando a presença do Estado na economia. Para isso, investiu grande soma de capital nas empresas estatais. A crise internacional do petróleo, que fez o preço dessa matéria-prima subir muito, ajuda a entender o incentivo dado, nesse período, a estatais ligadas à produção energética (Petrobrás, Eletrobrás), como também o desenvolvimento do programa nuclear brasileiro. Fazer a economia crescer novamente era questão decisiva para o governo Geisel,

O governo Geisel assistiu ao crescimento da oposição, ora por conta dos incentivos da "abertura", ora pela adoção de medidas casuísticas e autoritárias, como o fechamento do Congresso em 1977.
Cena do protesto contra o aumento do custo de vida e pela liberdade sindical, realizado em São Paulo, 1978.

pois seria difícil manter a abertura política em meio à recessão e ao desemprego. No entanto, o problema social e a concentração de renda permaneciam com força, e a dívida externa começava a atingir um nível bem elevado.

Toda essa estratégia de liberalização do regime militar não queria dizer que o Brasil estava se libertando completamente do autoritarismo. Pelo contrário, o que se desejava era aumentar lentamente o espaço de participação política da sociedade, sem prejudicar o domínio exercido pelos militares. Além disso, os componentes da chamada "linha-dura" não deixaram, em momento algum, de pressionar o governo Geisel, acusando-o de colocar em risco a "ordem" no Brasil.

Tome-se, por exemplo, o ano de 1977, quando foi decretado o "pacote de abril": por não ter conseguido aprovar uma série de medidas de interesse do governo, o presidente fechou temporariamente o Congresso para poder impô-las sem restrições. Como a oposição havia alcançado um bom desempenho nas eleições parlamentares de 1974, com chances de sair-se ainda melhor nas de 1978, Geisel forjou um conjunto de decisões para garantir que o governo mantivesse a maioria no Congresso. Foram criados, dentre outras medidas, os "senadores biônicos", ou seja, senadores eleitos pelo voto indireto. A indignação que essas decisões causaram levou ao crescimento da oposição.

Figueiredo e a crise

Quando o novo presidente, o general João Baptista de Oliveira Figueiredo (1979-85), foi indicado pelo Colégio Eleitoral, a política brasileira encontrava-se num impasse. Embora a liberalização estivesse tendo certo êxito, as pressões

Em 1979, Geisel passava a faixa presidencial para Figueiredo, mantendo os militares no poder. Iniciava-se, contudo, um governo marcado pela fragilidade política e econômica.

da "linha-dura" ameaçavam tanto o projeto de abertura quanto a continuidade do próprio regime militar. Se a repressão retornasse com toda a força, de que forma reagiriam a sociedade e a oposição?

Além do mais, o início dos anos 80 trouxe graves problemas para a economia brasileira. Tratava-se da alta dos juros: os países desenvolvidos, ao se depararem com seus próprios problemas econômicos, elevaram os juros das dívidas dos países subdesenvolvidos e diminuíram sensivelmente os empréstimos. Dessa forma, não podendo obter mais dinheiro de fora e prisioneiro de uma dívida que não parava de crescer, o Brasil entrou em uma dura crise econômica. A partir desse momento, até mesmo grupos empresariais que haviam se beneficiado com o desenvolvimento industrial promovido pelos governos ditatoriais, começaram a aderir à transição para a democracia. Como manter a ditadura nessa situação?

1. O movimento das "Diretas-já"

Um cenário de crise

Um dos sintomas de que a economia brasileira ia "mal das pernas" era o aumento constante das taxas de inflação; em 1980, por exemplo, o índice anual foi de 110,2%. Com o aumento permanente dos preços, o poder de compra da população ia se corroendo rapidamente. Os tempos de crescimento e prosperidade, tão exaltados pela propaganda oficial do "milagre brasileiro", pareciam ter ficado para trás. Com o intuito de solucionar a crise, o ministro do Planejamento do governo Figueiredo, Antônio Delfim Netto, aplicou uma política recessiva: para baixar os preços, procurou diminuir a produção e o consumo. Assim, foram adotadas inúmeras medidas que levaram o país à recessão, ou seja, a uma queda da produção industrial. Com isso, o desemprego não tardou a crescer.

Em fevereiro de 1983, o Brasil, sem dinheiro para pagar seus compromissos externos e sem capital para investir, teve de recorrer ao Fundo Monetário Internacional (FMI). Para auxiliar o governo brasileiro, o FMI fez exigências que o Brasil só cumpriu parcialmente. Contudo, o que de fato se praticou foi uma política de arrocho salarial: a inflação crescia, mas os reajustes salariais não a acompanhavam. Todo esse quadro gerou profunda tensão social. Nesse mesmo ano, por exemplo, uma multidão de desempregados realizou vários saques em lojas de São Paulo. Em uma de suas manifestações, chegaram a derrubar as grades do Palácio dos Bandeirantes, sede do governo estadual.

Apesar das limitações, a abertura teve continuidade no governo Figueiredo. A foto de 1979 mostra uma concentração pela anistia, em São Bernardo do Campo (SP).

A crise econômica foi uma das causas do enfraquecimento do regime militar, mas não a única.

A abertura política, apesar das ameaças feitas pela "linha-dura", teve continuidade no governo Figueiredo. Em 1979, foi decretada a anistia; através dela, o regime militar permitia o retorno de inúmeros líderes oposicionistas que se encontravam em exílio. Dentre eles, os ex-governadores Leonel Brizola e Miguel Arraes, os dirigentes comunistas Gregório Bezerra e Luís Carlos Prestes, e o jornalista Fernando Gabeira.

Nesse mesmo ano, ainda preocupado com as vitórias da oposição nas eleições, o governo modificou a legislação eleitoral, estabelecendo o pluripartidarismo. Até então, a ditadura havia permitido a existência de dois únicos partidos: ARENA (Aliança Renovadora Nacional), que concentrava os aliados governistas; e MDB (Movimento Democrático Brasileiro), que reunia políticos de variadas tendências, os quais, e cada um a seu modo, divergiam do regime militar. Com as mudanças eleitorais de 1979, surgiram cinco partidos: a maioria dos arenistas fundou o PDS (Partido Democrático Social); boa parte do MDB constituiu o PMDB (Partido do Movimento Democrático Brasileiro); Brizola registrou o seu PDT (Partido Democrático Trabalhista); Ivete Vargas lançou o PTB (Partido Trabalhista Brasileiro); e trabalhadores da região do ABC paulista, aliados a setores da Igreja Católica e a socialistas, fundaram o PT (Partido dos Trabalhadores).

Embora o desejo do governo Figueiredo fosse dividir a oposição em diversos partidos, mantendo os aliados unidos no PDS, as modificações eleitorais tiveram muita importância para o processo de redemocratização do país. Através dos novos partidos, teve início um confronto político mais amplo, que contrapunha

Político beneficiado pela anistia, Miguel Arraes dá entrevista no Aeroporto do Galeão (RJ) em 1979.

propostas e interesses diferentes. Se o fim da ditadura se apresentava como um ponto comum para os grupos oposicionistas, suas divergências criaram novos debates. O PT, por exemplo, representava uma experiência inédita na história brasileira, pois, pela primeira vez, operários organizaram um partido próprio, vinculado aos interesses dos trabalhadores e crítico em relação às ações do Estado e do empresariado. Sua proposta, de conteúdo socialista, distanciava-se, no entanto, das orientações vindas da União Soviética, seguidas pelos partidos comunistas em quase todo o mundo.

O PT era resultado da expansão do

Por volta de 1980, a região do ABC paulista tornou-se o centro da luta contra o autoritarismo. Na foto, mulheres e filhos de metalúrgicos pedem, entre outras reivindicações, a reabertura de negociações salariais e o fim da intervenção nos sindicatos. São Bernardo do Campo (SP), 1980.

movimento sindical, que havia ressurgido com toda a força nas greves dos metalúrgicos do ABC, em 1978. O principal líder grevista, Luís Inácio da Silva, o Lula, tornou-se presidente do partido, desempenhando um papel fundamental em sua história. Apesar de o governo militar procurar reprimir os movimentos sindicais, estes tenderam a aumentar durante a década de 80. Em 1979, havia 3,2 milhões de trabalhadores em greve; ocorreram 27 paralisações de metalúrgicos e 20 de professores. O historiador Boris Fausto analisou assim o problema:

As greves tinham por objetivo um amplo leque de reivindicações: aumento de salários, garantia de emprego, reconhecimento das comissões de fábrica, liberdades democráticas. A extensão das greves de 1979 mostrou que a afirmativa dos setores conservadores de que São Bernardo constituía um mundo à parte em grande medida não era verdadeira. O que se passava em São Bernardo tinha repercussão no resto do país. Não há dúvida porém de que o sindicalismo do ABC nasceu e cresceu com marcas próprias. As mais importantes são a maior independência em relação ao Estado, o elevado índice de organização — por volta de 1978, 43% dos operários eram sindicalizados — e a afirmação de seus líderes fora da influência da esquerda tradicional, ou seja, do PCB (Partido Comunista Brasileiro). (História do Brasil, Edusp/FDE, 1995.)

Metalúrgicos em greve no ABC paulista, 1978. Milhares de operários cruzaram os braços em represália às perdas salariais e ao controle sobre os sindicatos. Nesse mesmo período, as eleições parlamentares confirmavam o crescimento da oposição.

Toda essa capacidade de organização levou à criação de centrais sindicais (instituições que reúnem vários sindicatos). Em 1983, os trabalhadores do ABC impulsionaram a formação da CUT (Central Única dos Trabalhadores). Três anos mais tarde, líderes que propunham uma ação mais moderada criaram a CGT (Central Geral dos Trabalhadores). Esses líderes eram, em certa medida, herdeiros do sindicalismo submisso do período ditatorial.

A abertura permitiu ainda que, em 1982, fossem realizadas eleições diretas para o governo dos estados. A oposição alcançou vitórias importantes: elegeu dez dos 22 governadores, vencendo nos principais estados. Franco Montoro (PMDB), Leonel Brizola (PDT) e Tancredo Neves (PMDB) foram eleitos, respectivamente, em São Paulo, Rio de Janeiro e Minas Gerais.

Contudo, as pressões e ameaças dos grupos militares descontentes com a abertura continuaram. A própria Lei de Anistia também beneficiava agentes dos órgãos de repressão envolvidos em mortes e torturas de oposicionistas; tratava-se de uma concessão do governo Figueiredo à "linha-dura". Para abalar a liberalização em curso, inúmeros atentados a bomba

Posando para jornalistas, Brizola, Montoro e Tancredo, eleitos, respectivamente, governadores do Rio de Janeiro, São Paulo e Minas Gerais em 1982. Já nas primeiras eleições diretas para os governos estaduais, a oposição passava a controlar os principais estados do país.

foram efetuados no início dos anos 80: o palanque da quadra de ensaio do Salgueiro, no Rio, onde seria realizado um ato favorável à criação do PMDB, foi explodido; o jurista Dalmo Dallari foi sequestrado e espancado; uma carta-bomba estourou na seção carioca da Ordem dos Advogados do Brasil (OAB); várias bancas de jornal foram para os ares.

No Rio de Janeiro, em abril de 1981, ocorreu o atentado mais escandaloso: uma bomba explodiu no colo de um sargento do exército, nas proximidades do Riocentro, onde se realizava um comício em comemoração ao Dia do Trabalho. O inquérito sobre o caso foi arquivado. No ano seguinte, também no Rio de Janeiro, foi encontrado o corpo do jornalista Alexandre von Baumgarten, que possuía muitas informações sobre irregularidades cometidas por pessoas ligadas ao governo. Apesar de os indícios sugerirem a ligação do caso com o SNI (Serviço Nacional de Informação), esse processo também foi arquivado.

Assim, o regime militar foi se envolvendo numa crise insuperável. A economia piorava sensivelmente, pois a inflação crescente era acompanhada do estouro da dívida externa, da recessão e do desempre-

Atentado no Riocentro, Rio de Janeiro, 1981. A "linha-dura", assustada com a organização das oposições, promoveu uma série de atentados com o intuito de desestabilizar a "abertura".

go. O produto interno bruto (PIB) — índice que mede a riqueza do país — tinha atingido, em 1981, o patamar de -3,1%, ou seja, a riqueza brasileira havia decrescido. O desenvolvimento da indústria e das cidades, nos anos 70, fez com que operários e trabalhadores da classe média passassem a exigir melhores condições de vida e participação política. Além do mais, o próprio processo de abertura, que pretendia liberalizar o Brasil sem abrir mão do domínio militar, acabou sendo inviabilizado pela "linha-dura". As divergências dentro das Forças Armadas desmoralizaram de vez o governo Figueiredo. Aumentava continuamente o número de pessoas, grupos e instituições que viam na redemocratização o único caminho para o país superar suas dificuldades políticas e econômicas. Estava pronto o caminho para as "Diretas".

O povo quer votar

As conquistas expressivas da oposição nas eleições de 1982 e o clima tenso marcado pelo desemprego e pela insatisfação popular estimularam a oposição a levantar a bandeira pelas eleições diretas. Se, de início, ao PT couberam os primeiros impulsos e manifestações, foi em 1984, com a formação de uma frente envolvendo vários partidos e instituições, que deslanchou com força a campanha das "Diretas-já". Os comícios foram ganhando um número cada vez maior de adeptos. O primeiro deles, segundo cálculos da Polícia Militar, realizado em novembro de 1983, levou dez mil pessoas às ruas de São Paulo.

Em fevereiro do ano seguinte, com o apoio decisivo do governador Franco Montoro, a Praça da Sé recebeu 200 mil participantes que, aos gritos de "Diretas já! O povo quer votar!", exigiam que o Congresso Nacional aprovasse a emenda constitucional proposta pelo deputado Dante de Oliveira (PMDB-MS), que restabelecia as eleições diretas para presidente. Seguiram-se, então, dezenas de outras manifestações por todo o Brasil. Em Vitória, reuniram-se 80 mil pessoas; em Porto

Comício pelas Diretas na Praça da Sé, São Paulo, em 25 de janeiro de 1984. A amplitude e a consistência dessas manifestações, realizadas por todo o país, foram decisivas para o fim da ditadura.

Alegre, 150 mil; no Rio de Janeiro, 300 mil; em Goiânia, também 300 mil; e em São Paulo novamente, 1,7 milhão de pessoas fizeram o maior comício da história da cidade, em 16 de abril de 1984.

A essa altura, vários eram os envolvidos na campanha. Os governadores de oposição e vários parlamentares empenharam-se na realização de atos públicos. O deputado Ulysses Guimarães, por estar percorrendo todo o país e dedicando-se intensamente à campanha, passou a ser chamado de "o Senhor Diretas". A imprensa escrita e falada noticiava e incentivava as manifestações.

Comícios eram transmitidos ao vivo. Neles misturavam-se o verde-amarelo, estampado igualmente por todos, o laranja e o vermelho, que representavam, respectivamente, PMDB e PT. O locutor esportivo Osmar Santos, acostumado a transmitir partidas de futebol pelo rádio, procurava empolgar os presentes, comandando os comícios: "Diretas quando?", perguntava ele; "jááá!", respondia a gente reunida. Criaram-se comitês pró-eleições diretas por todo o Brasil.

Até mesmo o futebol se tornou palco para as manifestações políticas. Nessa mesma época, instalou-se no Parque São Jorge, sede de um dos clubes mais populares de São Paulo, um novo movimento: a "Democracia Corinthiana". Dirigentes e jogadores, tomados pelo clima de redemocratização, discutiam problemas de uma forma mais aberta. Nos jogos, a equipe do Corinthians, comandada por Sócrates, entrava com fitas amarelas amarradas nos braços, a cor oficial das diretas.

Placares foram afixados em vários pontos do país, com o nome dos depu-

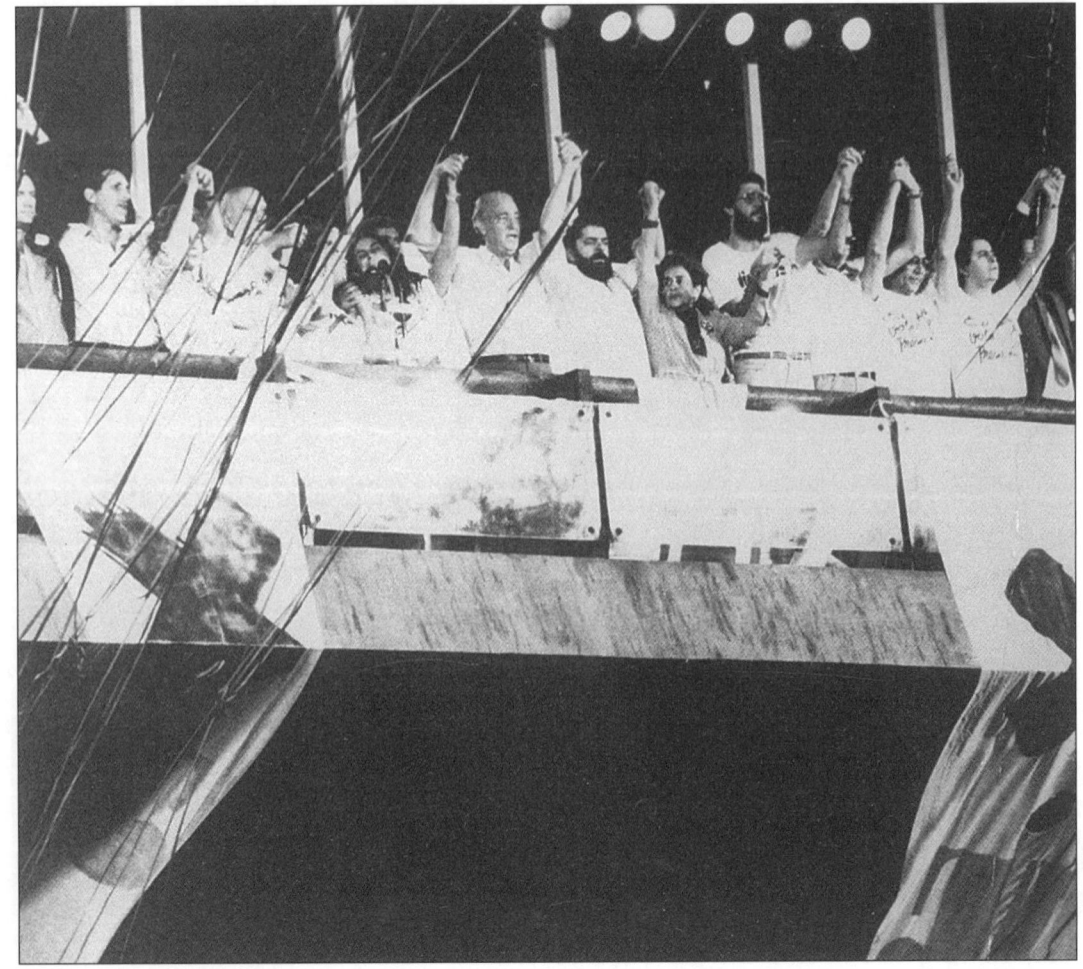

Imagem do palanque, no comício a favor das Diretas, realizado em São Paulo, 1984. Da esquerda para a direita, veem-se alguns dos principais nomes da política nacional de então: Orestes Quércia, Ulysses Guimarães, Franco Montoro, Lula, Dante de Oliveira.

tados e sua posição em relação à emenda Dante de Oliveira. Parlamentares passaram a ser pressionados constantemente para que abandonassem a orientação governista. Afinal, não bastava que os deputados oposicionistas votassem pelas diretas. A exigência de que 2/3 do Congresso aprovassem a emenda tornava valiosos os votos dos parlamentares do PDS. O governo, então, travava uma dura batalha para manter a fidelidade de seus aliados.

As articulações no Colégio Eleitoral

Enquanto a população se organizava nas ruas, o governo experimentava um clima de grande tensão. Além de evitar a aprovação da emenda, era preciso encaminhar a sucessão do general Figueiredo no Colégio Eleitoral. A dificuldade maior estava no fato de o presidente e os militares em geral não conseguirem mais controlar plenamente as decisões dentro do PDS. Aproveitando-se disso, Paulo Salim Maluf, ex-governador de São Paulo, foi procurando conquistar a maioria dos convencionais que escolheriam o candidato do partido governista no Colégio Eleitoral.

Maluf era um civil que havia ocupado vários cargos importantes — inclusive os de prefeito e governador de São

Placar das Diretas instalado na Praça da Sé, São Paulo, 1984. Diversas foram as formas de pressionar os parlamentares para que votassem a favor da emenda Dante de Oliveira. O placar informava a população sobre os que ainda estavam indecisos ou desejavam manter as eleições indiretas.

Fernando Henrique Cardoso, um dos líderes do PMDB paulista de então, entrega, em 1984, o prêmio Joaquim Silvério dos Reis (conhecido como o traidor da Inconfidência Mineira) a boneco representando Maluf.

Paulo — às custas de seu apoio ao regime militar. Sua carreira pública estava marcada por uma grande quantidade de denúncias de corrupção. A indicação de Maluf, em agosto de 1984, representou a desintegração final do PDS, pois muitas de suas lideranças, insatisfeitas com a escolha, romperam com o partido e fundaram o PFL (Partido da Frente Liberal). Essa cisão demonstrava que, mesmo se a emenda Dante de Oliveira fosse derrotada, o partido governista e seu candidato teriam muitas dificuldades para vencer as eleições indiretas.

A escolha de Maluf acabou redefinindo o quadro político. Prevendo que dificilmente a emenda Dante de Oliveira obteria os 2/3 necessários para aprovação, os setores mais moderados e conservadores da oposição, tendo à frente o PMDB, começaram a articular um acordo com o PFL, a fim de lançarem um candidato de consenso no Colégio Eleitoral. Dessas negociações, ficou acertado que o governador mineiro Tancredo Neves seria o candidato a presidente; para vice, decidiu-se pelo nome do ex-governador do Maranhão, José Sarney. Sarney, que há pouco ocupava o cargo de presidente do PDS, havia rompido com o partido, preparando o terreno para a candidatura de Tancredo no Colégio Eleitoral.

Apesar de todos os esforços e manifestações, a emenda que restabelecia as eleições diretas não atingiu o número suficiente de votos para a aprovação. Foram 298 votos favoráveis, 65 contrários e três abstenções; 112 deputados do PDS sequer compareceram no dia da votação. A derrota dividiu as oposições. Enquanto o PT desejava manter os movimentos de rua e continuar a exigir a implantação das eleições diretas, o acordo entre PMDB e PFL, denominado Aliança Liberal, consolidou-se e arregimentou novos adeptos. Estavam à sua frente nomes conhecidos da política brasileira: Tancredo Neves, Franco Montoro, Mário Covas, Fernando Henrique Cardoso, Ulysses Guimarães, Marco Maciel, José Sarney, Antônio Carlos Magalhães etc.

Montoro, Ulysses e Sarney em comício de apoio à candidatura de Tancredo Neves (ao microfone) no Colégio Eleitoral (São Paulo, abr. 1985). Com a derrota das Diretas, PMDB e Frente Liberal procuraram pôr fim à ditadura através do voto indireto.

Manifestante em 1985, após a derrota da emenda Dante de Oliveira. A derrota das Diretas, embora tenha entristecido a população, não impediu o fim do período ditatorial. A maioria da oposição foi ao Colégio Eleitoral e Tancredo foi eleito.

A formação da chapa Tancredo/Sarney e a ida ao Colégio Eleitoral mudavam o caráter da transição para a democracia no Brasil. Embora novos comícios e manifestações apoiassem a Aliança Liberal, a frustração com a derrota das "Diretas-já" era sentida: o Colégio Eleitoral foi durante toda a campanha taxado de ilegítimo e injusto. De outro lado, o pacto feito com políticos que, há pouco, apoiavam o próprio regime militar causava desconfiança. De toda forma, a esperança de que a redemocratização superasse os problemas sociais e políticos do país e a empolgação desencadeada pela presença da população na rua sustentaram a candidatura da Aliança Liberal. Por 480 votos a 180, Tancredo Neves derrotou Paulo Maluf no Colégio Eleitoral; iniciava-se o que os vencedores chamaram de "Nova República".

A morte de Tancredo

A imagem de Tancredo Neves tornou-se, através dos apelos dos meios de comunicação e da esperança popular, o símbolo de uma renovação. O governador mineiro desenvolvera uma longa carreira na política do Brasil: havia sido

Tancredo em campanha (Vitória/ES,1984). O político mineiro revestiu-se do mito de governante justo e equilibrado, capaz de simbolizar e salvar a nação.

A agonia e a morte de Tancredo Neves fizeram dele um mártir para os brasileiros. Identificando-o a Tiradentes, o país criava mais um herói nacional.

ministro da Justiça de Getúlio Vargas, presidente do Banco do Brasil no governo Juscelino Kubitschek, primeiro-ministro no período parlamentarista (1961-62) e várias vezes deputado federal pelo MDB. Com sua vitória no Colégio Eleitoral, Tancredo passou a ser apresentado como um estadista, portador de qualidades indispensáveis para um momento de transição: discrição, paciência, honestidade e coerência. Sua "mineirice" parecia fazer dele o personagem ideal para a construção do futuro do país. Sob sua liderança, acreditava-se que o grupo pefelista da Aliança Liberal seria mantido sob controle.

Contudo, o desfecho desse quadro foi bem outro. Após uma série de viagens ao exterior e um dia antes de tomar posse (que seria em 15 de março de 1985), o presidente eleito sentiu-se mal durante uma missa realizada na Catedral de Brasília. Foi internado e, depois de uma primeira cirurgia, transferido para o Instituto do Coração, em São Paulo. No período em que ali ficou, sofreu várias cirurgias. Em frente ao Instituto, aglomerava-se o tempo todo uma multidão de pessoas que torcia e rezava por ele. O país foi tomado pela comoção e, a cada dia que passava, Tancredo ia se transformando em um mártir para os brasileiros. A morte em 21 de abril, dia de Tiradentes, reforçou sua imagem de herói. Embora não empossado, Tancredo recebeu todas as honras de um presidente da República. A população encheu novamente as ruas para despedir-se dele.

A morte de Tancredo tornou mais claros os limites e as contradições da transição efetuada pela Aliança Liberal. José Sarney, um político tradicional do Nordeste, de posturas conservadoras e autoritárias, contrariando as expectativas, assumiu como presidente da República. Jamais se imaginou que um dos líderes mais influentes do PDS poderia se tornar o principal condutor da Nova

República. Ainda que Sarney se filiasse ao PMDB, ficavam no ar muitas dúvidas sobre a redemocratização do país.

2. A assim chamada "Nova República"

O governo Sarney

O início do governo Sarney foi marcado por muita expectativa. Eram três as questões políticas mais importantes nesse período: a crise econômica, a convocação da Assembleia Constituinte e a adoção de medidas que garantissem liberdades civis. Nesse último ponto, ocorreram alguns avanços. Em maio de 1985 foram restabelecidas as eleições diretas: dessa forma, o próximo presidente seria eleito pelo voto popular. O mesmo aconteceria com os prefeitos das capitais (os governadores, como foi visto, desde 1982 já eram eleitos diretamente). Os analfabetos conquistaram o direito ao voto. Até então, apesar de trabalharem e ajudarem a produzir a riqueza brasileira, pagando inclusive impostos, não podiam participar dos pleitos. Agora passavam a exercer esse direito de cidadania. Foram ainda legalizados os partidos que viviam na clandestinidade. Esse era o caso das siglas comunistas — PCB (Partido Comunista Brasileiro) e PC do B (Partido Comunista do Brasil). Além disso, as regras que permitiam a criação de novos partidos tornaram-se menos exigentes.

Nas eleições de 1986, o PMDB elegeu 22 dos 23 governadores. Essa vitória expressiva do PMDB demonstrava que a população acreditava no novo governo e esperava que ele realizasse as reformas necessárias para o desenvolvimento do país. As apurações assinalavam, também, a existência de outras forças eleitorais. De um lado, antigos e tradicionais políticos com grande apelo popular, como o ex-presidente Jânio Quadros,

Sarney presta juramento no Congresso durante a cerimônia de sua posse, em 15 de março de 1985. O primeiro presidente civil do país desde o golpe de 1964 servira com desenvoltura aos governos militares. Embora começasse a governar com o ministério formado por Tancredo, Sarney não demorou para aglutinar em torno de si os políticos mais conservadores.

recuperaram prestígio. Jânio chegou a derrotar o candidato peemedebista, Fernando Henrique Cardoso, nas eleições municipais de São Paulo, em 1985. De outro, crescia o eleitorado do PT que, também na capital paulista, transformou a propaganda política através de bem-humorada campanha. A partir de então, o *marketing* político foi-se aperfeiçoando, passando a ter um papel muito importante na campanha de variados partidos.

A inflação e o Plano Cruzado

A economia, no entanto, não parecia tomar o rumo certo. A inflação anual alcançara, em 1985, 235,5% e a tentativa de corte nos gastos governamentais, proposta pelo ministro da Fazenda, Francisco Dornelles, não vinha alcançando os resultados esperados. Sarney era acusado de não combater devidamente a inflação e de favorecer amigos e grupos ligados a ele. Teve início uma queda de prestígio do presidente, que só foi interrompida com a indicação de um novo ministro para a pasta da Fazenda, Dílson Funaro, que surpreendeu o Brasil ao baixar, em fevereiro de 1986, um "pacote" de medidas, conhecido como Plano Cruzado.

Criou-se uma nova moeda, o cruzado. Preços, salários e aluguéis foram congelados, isto é, não podiam ser reajustados. A população empolgou-se e poucos deram crédito às críticas que a oposição, representada pelo PT e pelo PDT, fazia ao plano. Nas ruas, multiplicavam-se os adesivos nos carros com os dizeres: "Cruzado: eu acredito!". Muitos se tornaram "fiscais do Sarney", indo às compras levando tabelas com os preços oficiais dos produtos. Comerciantes que aumentavam os preços eram denunciados. A inflação parecia domesticada.

Toda essa euforia tinha seu motivo. Além de acreditarem que o plano representava a tão esperada transformação do país, alguns brasileiros, mesmo entre os mais pobres, viram seu poder de compra crescer. Quando a inflação atingia 15% ou 20% ao mês, o salário, algumas semanas depois de ter sido recebido, já havia perdido muito de seu valor. Com a estabilidade dos preços, acabava sobrando um "dinheirinho" no final do mês. A população foi às compras e o consumo subiu. O resultado foi o desabastecimento, isto é, a falta dos produtos nas prateleiras.

Button de apoio ao Plano Cruzado, 1986. A população empolgou-se com a possibilidade de erradicar a inflação brasileira. Os "fiscais do Sarney" denunciavam os que aumentavam os preços acima do permitido.

Jorge Rosenberg/Abril Imagens

DE ONDE VEM A INFLAÇÃO?

As circunstâncias e os problemas que desencadeiam o processo inflacionário são muitos e variados, mas, de um modo bem simples, podemos dizer que a inflação se relaciona com a chamada "lei da oferta e da procura": diante da oferta limitada de um determinado produto, quanto maior o número de pessoas que buscam adquiri-lo, maior será o seu preço de venda.

A inflação é um processo que, junto com a elevação de preços, traz também uma série de problemas para a população, principalmente a perda do poder de compra dos salários, que não conseguem acompanhar o ritmo dos aumentos. Os mais atingidos são os que têm remuneração mais baixa: o valor recebido é corroído ao longo do mês, pois muitos trabalhadores não têm contas bancárias, nem tampouco podem fazer aplicações financeiras. Por exemplo: considerando-se uma inflação mensal de 30%, um trabalhador que receba R$ 200,00 no primeiro dia do mês, caso fique com esse dinheiro no bolso e não o gaste em absolutamente nada, conseguirá comprar apenas o equivalente a R$ 153,85 depois de trinta dias.

De maneira geral, o Estado, visando reduzir a inflação, adota políticas de controle de preços, às vezes recessivas, diminuindo a produção e o consumo.

Por vezes, a adoção de medidas de desaquecimento da economia não tem o efeito desejado de redução da inflação, pelo contrário, o que se observa é a continuidade do aumento dos preços de forma descontrolada. Tal quadro é classificado pelos economistas como "estagflação" (isto é, a mistura de estagnação econômica com inflação, à semelhança do que ocorreu em países como Argentina e Brasil nos anos 80 e início dos 90), que causa grandes prejuízos para a sociedade.

No caso do Brasil, a "estagflação" foi provocada, em boa parte, por outro fator importante: o déficit público, ou seja, e de maneira bastante simplificada, o governo gasta mais do que arrecada, ficando endividado. Quando isso ocorre, o Estado tem de emitir mais moeda ("fazer mais dinheiro") para acertar suas contas. Aqui vale novamente a "lei da oferta e da procura": se há mais dinheiro em circulação, seu valor cai e, então, os preços das mercadorias sobem.

Nem todos, contudo, perdem com a inflação. Quem mais perde é a população pobre que, por ter tão pouco dinheiro, não consegue se defender da alta de preços aplicando o que tem. Só pode aplicar quem tem conta em banco; e só pode ter conta quem tem uma quantia mínima de dinheiro. Resultado: os pobres ficam mais pobres, uma vez que seu salário vai sendo corroído pela inflação. A classe média, por sua vez, defende-se como pode, depositando seus ganhos em aplicações financeiras; porém, não deixa de perder, porque também sofre com o arrocho salarial. Mas, então, quem ganha? Ganham os empresários que aumentam os preços, muito embora, a médio e longo prazo, a corrosão do poder de compra da população e a consequente queda do consumo acarretem-lhes algum tipo de perda. Ganham também banqueiros e especuladores que, ao aplicar grandes quantidades de capital, multiplicam os lucros. Enfim, a inflação faz exatamente o oposto do que fazia o famoso Robin Hood: ela tira dos pobres para dar aos ricos.

Prateleiras vazias durante o Plano Cruzado, 1986. O aumento do consumo foi acompanhado pelo desabastecimento, e o Plano Cruzado começou a dar sinais de fragilidade.

Após quatro ou cinco meses, tornava-se claro que o plano necessitava de reajustes, e muitos deles seriam impopulares. Pressionado pelo PMDB, que temia perder votos importantes nas eleições próximas, o presidente deixou os ajustes para depois. Com o prestígio do governo, o partido obteve arrasadora vitória, deixando de eleger, em todo o Brasil, apenas um governador. Contudo, a ela se seguiu o descongelamento e a falência do Plano Cruzado. No decorrer do governo Sarney, ministros foram trocados, mais dois planos surgiram e fracassaram, e a inflação de 1990 estourou: chegou a 72,78% no mês de fevereiro e a 2750% no ano.

A Assembleia Nacional Constituinte

Em meio à instabilidade econômica da Nova República, instalou-se, em fevereiro de 1987, a Assembleia Nacional Constituinte, cujo objetivo era substituir a Constituição imposta pelos governos militares. Seus membros, eleitos no pleito do ano anterior, tinham por meta debater e votar as leis que comporiam a nova Constituição brasileira. Assim, os vários partidos, grupos e tendências políticas decidiram a respeito de assuntos importantes de interesse do Estado e da sociedade. A importância dos trabalhos constituintes era demonstrada pela presença de grande quantidade de *lobbies*, isto é, de grupos de pressão que representavam os interesses de variados setores sociais. Por exemplo, nas questões relativas à terra, os constituintes viram-se pressionados por "lobbistas" vinculados aos trabalhadores rurais e aos grandes proprietários de terras. Dessa forma, o plenário da Câmara transformou-se num centro de poderosas decisões.

A crise econômica deixava claro que era preciso reformar o Estado, pois uma das principais causas da inflação estava no fato de o governo produzir déficits constantemente, ou seja, gastar mais do que arrecadar. Por ser deficitário, ele se via obrigado a emitir mais moeda para

O deputado Ulysses Guimarães, o então presidente da Assembleia Nacional Constituinte, apresenta, em outubro de 1988, a nova Constituição. Seu texto extenso e detalhista indicava os inúmeros e complexos conflitos da sociedade brasileira.

pagar seus compromissos: esse dinheiro a mais em circulação significava aumento de preços. Portanto, muitas medidas tinham de ser tomadas para reverter esse quadro, o que se chocava com os interesses de vários grupos. Para cortar gastos demitindo funcionários, por exemplo, questionava-se a estabilidade no emprego de funcionários públicos. De outra parte, para arrecadar mais, necessitava-se de uma reforma tributária que fizesse os ricos pagarem mais impostos. Em ambos os casos, a resistência era grande.

A redação final da nova Constituição, no entanto, acabou expressando o desejo que vários grupos tinham de manter seus interesses e privilégios. Por isso, ficou bastante extensa: nela, registraram-se os mínimos detalhes. De qualquer forma, os avanços não deixaram de ser significativos: as eleições diretas e o fim da censura foram confirmados; o cidadão conquistou o direito de mover ações contra o governo; a jornada semanal de trabalho foi reduzida para 44 horas; ampliou-se a licença-maternidade; foi proibida a intervenção do Estado nos sindicatos; reconheceu-se a greve como um direito legítimo etc.

Um dos temas mais polêmicos da Constituinte dizia respeito ao tempo de mandato do presidente da República: quatro ou cinco anos? Na verdade, o que estava em jogo nesse debate era a permanência de Sarney no governo. O fracasso dos planos econômicos e sua aproximação de políticos que trocavam seu apoio por cargos e verbas fizeram com que a oposição e parte do PMDB desejassem o encurtamento do mandato presidencial. Sarney, porém, distribuindo favores de todos os tipos, obteve o número suficiente de votos para manter-se durante cinco anos.

Seu último ano de governo foi traumático. Durante 1988 e 1989, a desmoralização de Sarney aumentou significativamente. Além da incapacidade de controlar a inflação, denúncias de corrupção e inúmeros problemas sociais marcaram

Chico Mendes, líder seringueiro e sindicalista do Acre. Mundialmente conhecido pelas denúncias de destruição da Floresta Amazônica, foi assassinado em dezembro de 1988, depois de ter sofrido várias ameaças.

o fim de seu mandato. As greves continuavam. Numa delas, na Companhia Siderúrgica Nacional, em Volta Redonda (RJ), o governo ordenou a intervenção de tropas do Exército porque a paralisação foi considerada ilegal; três trabalhadores morreram. Dentre os inúmeros conflitos no campo, ganharam notoriedade o assassinato do padre Josimo Morais Tavares, em Rondônia, em maio de 1986, e o do seringueiro Chico Mendes, no Acre, em dezembro de 1988. Uma Comissão Parlamentar de Inquérito (CPI) concluiu, em novembro de 1988, que Sarney privilegiara grupos empresariais. As altíssimas taxas de inflação resultavam, em parte, da perda quase total de autoridade do presidente.

3. Enfim, as Diretas

Crise econômica e eleições

A crise econômica que, herdada do governo Figueiredo, tumultuava a Nova República relacionava-se com um conjunto mais amplo de transformações no âmbito internacional. Desde 1930, o desenvolvimento do país era controlado e gerenciado pelo Estado, presente em inúmeros ramos da produção industrial. Como o Brasil apresentava um atraso tecnológico em comparação com os chamados países do Primeiro Mundo (em especial, os Estados Unidos), o objetivo do governo de Getúlio Vargas (1930-45), e de muitos outros que o sucederam, consistia em fazer a economia brasileira crescer através da substituição das importações.

Em outras palavras, tratava-se da aplicação de capital, por parte do Estado, no setor industrial e energético do país, com o intuito de criar condições para a produção daquilo que até então era importado. Dessa forma, a indústria nacional se expandiu. Incentivava-se, ainda, o nacionalismo, por meio de campanhas que opunham os interesses brasileiros aos das nações ricas. Mais tarde, no período de Juscelino Kubitschek (1955-60), embora se tenha permitido a entrada de capital estrangeiro em grande quantidade, persistia a ideia de que o Estado devia promover o crescimento econômico do país. Tal estratégia, conhecida como "nacional-desenvolvimentismo", foi adotada durante o regime militar, especialmente no governo Geisel. Assim, muitas empresas privadas brasileiras tornaram-se potentes devido aos incentivos — em forma de subsídios e proteções tarifárias — que obtinham dos governos.

Entretanto, esse modelo de desenvolvimento começou a esgotar-se no início da década de 80. Como vimos, uma das causas do fim do regime militar estava no fato de a sociedade brasileira ter se transformado muito. O crescimento das cidades trouxe o desejo de maior participação política; os vários grupos sociais (professores, profissionais liberais, operários, estudantes, entre outros) ansiavam, cada vez mais, por expressar sua opinião. O Estado, por sua vez, começava a não dar conta de suas múltiplas tarefas. Seus gastos com empresas e funcionários, assim como a dívida externa, eram grandes. Além disso, o mundo se globalizava, exigindo que os países se abrissem economicamente. Todos esses fatores sugeriam que já não era mais fácil para o Estado desempenhar o papel de condutor do desenvolvimento brasileiro.

GLOBALIZAÇÃO E NEOLIBERALISMO

Nos últimos 20 anos, acentuou-se um processo que vem sendo denominado "globalização econômica". Muitos países abriram seus mercados para o exterior, diminuindo as barreiras comerciais e integrando-se uns aos outros, por meio da formação de blocos econômicos e como consequência do progresso rapidíssimo da informática e das telecomunicações. Hoje, em poucos segundos, bilhões de dólares podem ser transferidos do Japão para o Brasil e vice-versa. Empresas transnacionais associam-se e, muitas vezes, um produto é resultado da reunião de matérias-primas, mão de obra e tecnologia que provêm de diferentes lugares do mundo. Um computador produzido por uma indústria japonesa e consumido no Brasil pode ter sido montado nos Estados Unidos com peças feitas em Cingapura. Daí o termo "globalização", que passa a ideia de um mundo no qual há uma proximidade maior entre os países, aumentando a riqueza em circulação.

Essas mudanças no cenário internacional revitalizaram antigos princípios liberais, que pregam a necessidade de uma interferência menor do Estado na economia, restringindo suas atividades à educação, saúde, saneamento básico e obras de infraestrutura. Esses princípios liberais são a base do que é chamado de "neoliberalismo", que vem influenciando diversas correntes de pensamento, inclusive algumas tradicionalmente ligadas à esquerda, como a social-democracia.

De acordo com os conceitos neoliberais, as empresas estatais devem ser privatizadas, o comércio internacional deve ser o mais aberto possível, e o Estado, ao invés de controlar a economia e gastar grandes somas com benefícios sociais, deve cortar despesas e diminuir seu grau de intervenção no mercado. O próprio processo de globalização, aprofundado com o fim da URSS e a queda do Muro de Berlim, levou essas medidas a diversos países, que se viram obrigados a adotá-las, sob pena de não conseguirem enfrentar o novo mercado.

No entanto, embora a globalização venha trazendo benefícios e mudanças, há problemas que merecem ser bem analisados. Apesar do grande desenvolvimento tecnológico ocorrido recentemente, há países mais ricos e poderosos que outros — o chamado "Primeiro Mundo" — e que, portanto, têm mais força para competir no mercado internacional, canalizando boa parte da riqueza. Ao mesmo tempo, o número de excluídos, ou seja, de pessoas que não têm acesso a condições dignas de vida, vem aumentando sensivelmente.

> É imperativo que os governantes estejam atentos, investindo na educação e saúde, estimulando a criação de novos empregos e corrigindo eventuais distorções, para que as pessoas possam ter melhor formação e perspectivas. Caso contrário, uma minoria continuará concentrando a riqueza internacional, ampliando-se a pobreza e a miséria dos demais.

No final do governo Sarney, esse debate começava a se delinear. Qual deveria ser o papel do Estado no Brasil? Que reformas o país teria de realizar para superar sua crise econômica? Como tirar milhões de brasileiros da miséria? Quando, enfim, em 1989, ocorreram as primeiras eleições diretas para presidente, em dois turnos, essas questões surgiram com força. Os diversos candidatos percorreram o território nacional, fizeram caravanas, passeatas e debates acirrados, num clima de grande envolvimento da população. Os brasileiros estavam novamente nas ruas, empolgados, esperando que o novo presidente pudesse mudar o país.

O fracasso do governo Sarney levou o candidato do PMDB, Ulysses Guimarães, e o do PFL, Aureliano Chaves, a um desastre nacional: suas votações foram inexpressivas. Maluf candidatou-se novamente pelo PDS, tentando agora eleger-se diretamente. Brizola lançou-se pelo PDT, aproveitando sua enorme popularidade no Rio Grande do Sul e no Rio de Janeiro, estados que governara. O senador paulista Mário Covas candidatou-se pelo PSDB (Partido da Social Democracia Brasileira), sigla fundada em 1988 e que reuniu os dissidentes do PMDB rompidos com Sarney. O PCB indicou Roberto Freire; Ronaldo Caiado, feroz opositor da reforma agrária, saiu pelo PSD (Partido Social Democrático).

Contudo, após o primeiro turno, a eleição concentrou-se em torno de outros dois nomes, que passaram à fase seguinte por terem sido os mais votados. De

Lula em comício nas eleições presidenciais (Praça da Sé/SP, 12 nov. 1989). O Partido dos Trabalhadores, marcado por um discurso voltado para o problema da dívida social, cresceu com a redemocratização do país e tornou-se opção de governo na primeira eleição direta para presidente após o golpe de 64.

um lado, estava o candidato do PT, Luís Inácio Lula da Silva. De outro, Fernando Collor de Mello e o seu PRN (Partido de Renovação Nacional).

O discurso de Lula concentrava-se na dívida social, isto é, na necessidade de se efetuarem mudanças profundas, capazes de diminuir a pobreza no Brasil. Assim, propunha, dentre outras medidas, a realização de uma reforma agrária e urbana que tornasse a propriedade da terra menos desigual, bem como uma reforma tributária que obrigasse os ricos a pagarem mais impostos. Para combater a inflação, o PT recusava qualquer medida recessiva e propunha retomar o crescimento econômico. O partido tendia a salientar o papel fundamental do Estado para a recuperação da economia e das boas condições de vida no Brasil.

Filho e neto de políticos, Fernando Collor havia sido indicado, durante o período ditatorial, para ocupar o cargo de prefeito de Maceió; em 1986, foi eleito governador de Alagoas. Antes mesmo de se candidatar à presidência, havia conseguido criar a imagem de homem público preocupado em combater as mordomias e os altos salários dos funcionários das estatais. Durante a campanha, apresentou-se como moralizador, sendo denominado "o caçador de marajás". Collor apresentou um programa centrado em algumas ideias caras aos neoliberais: corte de gastos, privatização, abertura econômica. Com a falência das candidaturas de Ulysses e Aureliano, o ex-governador alagoano não tardou a receber o apoio de inúmeros representantes do PMDB e do PFL.

Collor em comício nas eleições presidenciais, 1989. Apresentando-se como "o caçador de marajás", o candidato do PRN arregimentou a população e a direita brasileira com um discurso permeado por concepções neoliberais.

Collor e Lula no último debate na TV, 1989. O final da campanha seria marcado por acusações pessoais contra Lula, que ameaçava cada vez mais a vitória do adversário.

Na reta final da campanha, Lula, que havia começado o segundo turno atrás de seu adversário, vinha crescendo muito, a ponto de poder superá-lo. No entanto, a eleição se definiu de forma inusitada. O candidato do PRN apresentou, durante o horário eleitoral na TV, uma ex-namorada do candidato petista, que lhe fez fortes acusações pessoais. Às vésperas das eleições, a Rede Globo de Televisão apresentou, em seu noticiário noturno, trechos do debate, considerados, pelos petistas, muito parciais. Dessa forma, com o apoio dos setores conservadores da política brasileira e do maior veículo de comunicação do país, o "caçador de marajás" era referendado pela maioria da população como presidente da República.

O governo Collor

Em 15 de março de 1990, Collor deu início a seu governo de maneira avassaladora. Com um discurso que afirmava ser ele o defensor dos "descamisados", o novo presidente logo atacou o problema da inflação. No dia da posse, decretou o Plano Brasil Novo, conhecido como "Plano Collor", mais uma tentativa de salvação da economia brasileira.

Sarney, que fora alvo principal de Collor durante a campanha, passa a faixa presidencial a seu sucessor em 15 de março de 1990. À esquerda, a primeira-dama, Rosane Collor, e, ao fundo, o vice-presidente, Itamar Franco. Iniciava-se o governo do primeiro presidente eleito diretamente desde o período ditatorial.

AS PALAVRAS DO PRESIDENTE

Causa excelente impressão, e ao mesmo tempo acentua as expectativas quanto às primeiras medidas do novo governo, o discurso do presidente Fernando Collor no Congresso Nacional. Longe das exaltações de campanha, mas com impressionante firmeza, o presidente assumiu compromissos com uma linha pragmática que dificilmente mereceria algum reparo. (...)

Trata-se de um pronunciamento não só adequado aos imperativos da atual circunstância, como também hábil no que aponta para uma abrangência real de visões políticas. (...)

O encadeamento do discurso, as ênfases bem dosadas em cada ponto que se abordava — da ecologia ao cenário internacional, da profissão de fé democrática ao diagnóstico da crise econômica —, suscitam a impressão de um pronunciamento planejado cuidadosamente, e vêm aguçar a esperança de que as ideias ali inscritas se traduzam na prática. (...)

Mas se o futuro governo corresponderá de fato ao que se propõe, eis uma pergunta que se torna mais candente à medida mesma que seu programa, de forma nítida e inteligente, aponta para soluções corretas e imprescindíveis na conjuntura brasileira.

(*Folha de S.Paulo*, 16 mar. 1990, Caderno A, p. 2.)

Para evitar reações indesejadas, foi amplamente utilizado um recurso presente na Constituição de 1988: a medida provisória. Durante a ditadura, os governos atropelavam o Congresso e a democracia, valendo-se do decreto-lei. Tratava-se de uma medida imposta pelo poder executivo que, sem qualquer aval do Legislativo, tornava-se imediatamente legal. Dessa forma, o regime militar evitava maiores problemas quando desejava decretar algo que encontraria oposição no Congresso. A Assembleia Constituinte, já na Nova República, havia acabado com o decreto-lei, criando, no entanto, a medida provisória. Através dela, o governo poderia, somente em casos de emergência, baixar alguma decisão que valeria por um período determinado. Se, nesse período, o Congresso a confirmasse, passaria a ser definitiva; caso contrário, deixaria de existir. Todo o Plano Brasil Novo foi imposto por medidas provisórias, já que a escalada da hiperinflação no Brasil era considerada, em si mesma, uma emergência. Desde então, elas passaram a ser aplicadas nas mais variadas circunstâncias.

A moeda foi novamente alterada e o cruzeiro voltou; os salários passaram a ser previamente fixados; os impostos aumentaram. Para desenvolver a indústria nacional, foram diminuídas as restrições às importações e estimulou-se a concorrência externa. Para melhorar as contas do Estado, foram anunciados programas de privatizações e cortes nos gastos públicos. Uma das medidas mais importantes do plano, contudo, consistia em diminuir a quantidade de dinheiro em circulação. Segundo os economistas que o elaboraram, quanto menos dinheiro circulasse no mercado, menores seriam os preços. Como muitas pessoas injeta-

Agência bancária fechada em função do Plano Collor, 1990.
A população vai aos bancos na semana seguinte à posse de Collor ver o que conseguiam sacar de suas contas correntes e aplicações.

vam seu dinheiro em aplicações financeiras para ganhar com a inflação, os saldos das contas correntes e das cadernetas de poupança foram bloqueados por 18 meses. Ninguém podia sacar mais do que 50 mil cruzados novos (o equivalente a 1,2 mil dólares).

Do dia para a noite, os brasileiros se viram sem dinheiro na mão. Pessoas que haviam economizado durante anos para comprar uma casa, um carro ou outro bem qualquer se viram impossibilitadas de usar o próprio dinheiro. Os mais desesperados vendiam às pressas imóveis e bens de consumo por menos do que valiam. Muitos correram aos bancos com medo de não conseguirem sequer sacar o mínimo permitido. O pânico da população demonstrava o quanto o plano atacara os direitos e a liberdade dos cidadãos.

Collor, durante a campanha, havia dito abertamente que seu adversário, se ganhasse, bloquearia as contas. De sua parte, prometera respeitar o dinheiro da população. No entanto, já no seu primeiro dia de governo, o novo presidente descumpria sua promessa. Apesar disso, a imprensa, de início, não se opôs a ele. Para boa parte dos jornalistas e dos meios de comunicação, mesmo diante de tamanho autoritarismo, algo precisava ser feito para combater a hiperinflação; o abuso das medidas provisórias não foi considerado tão extremo.

As opiniões, porém, começaram a mudar com o tempo. O governo tinha, desde o início, permitido que boa parte do dinheiro fosse desbloqueada para pagamento de impostos, de contribuições previdenciárias e outras finalidades. Essas exceções foram apelidadas pela população de "torneirinha", pois,

PLANO COLLOR

O plano econômico do governo Collor surpreende pelo seu impacto inaudito, pela sua extrema violência. Realiza o mais brutal e imprevisto ajuste de liquidez de que se tem notícia na história brasileira — e talvez não se encontrem paralelos de um choque deste tipo em toda a experiência econômica internacional. É com preocupação que se recebe a notícia de que os recursos aplicados no *overnight* e em outros aplicativos passam a ter um limite de 20% para seu resgate: até mesmo a caderneta de poupança e os depósitos à vista foram atingidos. Uma dosagem tão extrema no controle monetário certamente impõe problemas angustiantes de curto prazo, trazendo incertezas quanto à manutenção do próprio cotidiano das atividades econômicas nos próximos dias.

Essa circunstância, com toda a carga de inquietações que é capaz de produzir, não compromete contudo as linhas gerais de um programa que se mostra adequado, pela própria radicalidade, à situação desesperadora em que se encontra a economia brasileira. (...)

(...) a magnitude dos sacrifícios exigidos à sociedade brasileira com este projeto é, sem dúvida, inédita. Não cabem ilusões quanto aos graves problemas de ordem prática, às inquietações, às perdas generalizadas que a atual estratégia apresenta para o cotidiano das empresas e dos cidadãos. Mais uma vez, é necessário lembrar que a ameaça hiperinflacionária trazia consigo um montante ainda maior de sacrifícios — e não apenas sacrifícios, mas a iminência de uma desestruturação completa da economia, da estagnação total do país, da turbulência social e política. Cumpria enfrentar com máxima coragem essa ameaça. O plano afasta-a claramente. O governo preferiu o risco de pecar por excesso ao de subestimar a gravidade da crise econômica. (...) Terá de persistir, com ainda maior radicalidade, no propósito de mudar por completo o perfil do Estado brasileiro. (...)

(*Folha de S.Paulo*, 17 mar. 1990, Caderno A, p. 2.)

através delas, um filete de dinheiro bloqueado podia escorrer. Mas, no fundo, quem foi beneficiado com isso? Decerto, não o cidadão comum, mas, sim, empresários e grandes aplicadores que, por vários meios, conseguiram desbloquear seu capital. Além disso, surgiram denúncias de que pessoas influentes no governo haviam conseguido escapar do bloqueio por terem sido informadas sobre ele previamente.

Um ano após seu anúncio, o Plano Brasil Novo apresentava problemas. A inflação voltava a crescer, a economia parecia entrar em recessão e o desemprego aumentava. Quando, depois de 18 meses, o dinheiro começou a ser desbloqueado, a população logo percebeu o prejuízo: a inflação havia corroído boa parte de seu valor. Uma nova tentativa de estabilização foi realizada em janeiro de 1991. O chamado "Plano Collor II" novamente congelou preços e salários e incentivou as importações. Seu fracasso não tardou, anunciando que, antes da metade de seu mandato, Collor começava a sofrer perda de prestígio e credibilidade.

As denúncias de corrupção

As críticas a Fernando Collor aumentaram. Os sindicatos trataram de se mobilizar para combater a perda do poder aquisitivo dos trabalhadores. Com o tempo, passou a vigorar a livre negociação entre patrões e empregados; os reajustes salariais obtidos não conseguiam acompanhar a inflação. Em maio de 1991, CUT e CGT organizaram uma greve nacional contra o arrocho. No setor público, também ocorreram manifestações: em maio de 1992, por exemplo, os funcionários do IBGE (Instituto Brasileiro de Geografia e Estatística) paralisaram suas atividades, exigindo 250% de reposição salarial. Aliás, o próprio IBGE confirmava, através de suas pesquisas, a concentração de renda e o péssimo quadro social do Brasil. O número de menores abandonados crescia, e a violência de todos os tipos se alastrava. A miséria deixava suas marcas.

Outros setores da sociedade também criticavam duramente o governo. Após sua posse, em nome do corte de gastos públicos, Collor extinguiu a Fundação Nacional de Arte (Funarte) e a Empresa Brasileira de Filmes (Embrafilme). As áreas ligadas à produção cultural viram-se sem recursos e condições para desenvolver seus projetos. O cinema brasileiro, nessa época, reduziu consideravelmente sua produção.

O descrédito do presidente não resultava unicamente da falência de seus planos econômicos. Durante seu governo, Collor procurou passar à população a imagem de estadista jovem, viril e corajoso. Para isso, utilizou-se de inúmeras estratégias de propaganda: andava de *jet-ski* e fazia *cooper* em Brasília; aparecia em público com roupas de camuflagem; pilotou um avião supersônico; viajou num submarino; apresentou-se como salvador dos "descamisados". Entretanto, com o fracasso no combate à inflação, a imagem construída por Collor começou a desgastar-se bastante, principalmente com a descoberta de inúmeros casos de corrupção.

Embora Collor tivesse afirmado que manteria até o fim de seu mandato a equipe empossada nos primeiros dias de governo, boa parte dela acabou sendo afastada devido à sua incompetência e ao seu envolvimento em casos de corrupção. Em agosto de 1991, o ex-ministro do Trabalho, Antônio Rogério Magri, foi denunciado por ter recebido 30 mil dólares de uma construtora para favorecê-la numa

Collor praticando corrida. A imagem de virilidade e juventude, tão cuidadosamente construída pelo defensor dos "descamisados", não resistiu ao descontrole da economia.

Rosane Collor chora durante a missa da Legião Brasileira de Assistência (LBA), em 1992. As denúncias de corrupção contra os auxiliares do presidente não pouparam nem mesmo a primeira-dama, que foi demitida da presidência da LBA.

contratação. Em maio de 1992, a ex-ministra da Ação Social, Margarida Procópio, foi acusada de assinar vários contratos antes de deixar o cargo, comprometendo recursos governamentais. O ex-ministro da Infraestrutura, Eduardo Teixeira, foi indiciado, no mesmo ano, por irregularidades no processo de privatização da Vasp (Viação Aérea de São Paulo). Também a ex-ministra da Economia, Zélia Cardoso de Mello, principal condutora do Plano Brasil Novo, apareceu envolvida no caso.

Dentre inúmeros outros fatos, destacou-se o que envolveu a própria esposa do presidente, Rosane Collor. Muitos casos de corrupção já haviam sido noticiados, implicando a LBA (Legião Brasileira de Assistência), órgão presidido pela primeira-dama. Neles, estavam envolvidos alguns de seus parentes e amigos. Em maio de 1991, Rosane gastou 15 mil dólares da LBA para dar uma festa em homenagem a sua chefe de gabinete. O escândalo que o fato causou na opinião pública obrigou o presidente a demitir a primeira-dama, a fim de evitar maiores consequências. A imagem de moralizador construída por Collor chocava-se cada vez mais com os infindáveis casos de corrupção que cercavam seu governo.

Paulo César Farias, o PC, defende-se em CPI, 1992. Investigações sobre tráfico de influências do ex-tesoureiro de Collor levaram à descoberta de uma ampla rede de corrupção. PC se valia de contas-fantasmas para "lavar" o dinheiro desviado.

Numa fita de vídeo, gravada em maio de 1992, Pedro Collor divulgou denúncias que comprometeram PC e o presidente, seu irmão.

A desmoralização definitiva do governo Collor acabou resultando das denúncias que envolveram seu ex-tesoureiro de campanha, Paulo César Farias, o PC, que foi acusado de praticar tráfico de influências, isto é, de obter facilidades e dinheiro de certos funcionários públicos e empresas privadas por ser amigo íntimo do presidente. Por exemplo, Paulo César Farias conseguiu do governo um empréstimo para a Vasp, recém-privatizada e que estava em difícil situação financeira. Quem desencadeou a crise final foi o irmão do presidente, Pedro Collor de Mello, que, em maio de 1992, tornou público um dossiê repleto de acusações. Segundo ele, Paulo César Farias seria um "testa de ferro" do presidente num vasto esquema de corrupção. No Congresso Nacional, essa avalanche de denúncias motivou a instalação de uma Comissão Parlamentar de Inquérito (CPI) para apurá-las.

A CPI e o *impeachment*

A CPI descobriu como funcionava o "esquema PC". Paulo César recebia

Eriberto França e Sandra de Oliveira, em foto de 1992. O motorista e a secretária denunciaram alguns dos meandros do "esquema PC". Ele teve papel importante no desvendamento das contas-fantasmas; ela constatou a fraude da suposta "Operação Uruguai".

dinheiro de empresários e, através de contas abertas em nome de pessoas inexistentes, repassava-o a outros envolvidos no esquema. A participação de Collor nesse arranjo foi confirmada por seu motorista, Francisco Eriberto França, que contou de que forma o dinheiro chegava ao presidente. Os parlamentares concluíram que o "esquema PC" consumira pelo menos 260 milhões de dólares. Collor havia ficado com mais de 10,6 milhões. O presidente tentou justificar-se, dizendo que havia obtido o dinheiro através de empréstimo contraído no Uruguai. No entanto, Sandra Fernandes de Oliveira, secretária de um dos participantes da operação, revelou que tudo não passava de uma armação preparada por pessoas ligadas ao presidente, que se reuniam no escritório de seu chefe.

Em meio a tantas investigações, surgiu e ganhou força a ideia de que Collor devia sofrer um *impeachment*. Esse termo, de origem inglesa, significa a deposição do presidente de seu cargo por meios legais. Segundo o que se dizia, já havia provas suficientes que demonstravam que Collor não tinha mais condições morais e políticas para permanecer no cargo. Mais uma vez, as ruas se encheram e a população passou a gritar: "Fora Collor!". Boa parte dos manifestantes eram jovens e adolescentes que pintavam o rosto com as cores verde e amarela. Os "caras-pintadas", como ficaram conhecidos, buscavam uma forma de expressar seu descontentamento com um país em que imperavam a corrupção e uma infindável crise econômica. As centrais sindi-

Passeata pelo *impeachment*, São Paulo, 1992. Com a economia descontrolada e a desmoralização política derivada de inúmeras denúncias de corrupção, o governo Collor teve de enfrentar as manifestações que pediam a sua deposição.

Caras-pintadas, durante manifestação em São Paulo, em setembro de 1992. Jovens e estudantes participaram ativamente de passeatas que exigiam o afastamento de Collor. A juventude educada no período ditatorial revelava o desejo pela transparência política.

cais, os partidos oposicionistas e outras instituições também foram às ruas. A essa altura, muitos dos parlamentares que apoiavam Collor desde a campanha eleitoral de 1989 começaram a abandonar o governo, percebendo que o *impeachment* era inevitável.

Um pedido de *impeachment* foi encaminhado em setembro de 1992 e, com a autorização da Câmara para a abertura do processo, o presidente foi afastado do cargo. Um mês depois, em 31 de dezembro, tentando impedir o julgamento definitivo a ser realizado no Senado, Collor renunciou. Mesmo assim, foi julgado e condenado por crime de responsabilidade, perdendo seus direitos políticos por oito

SHOW DE MATURIDADE DOS BRASILEIROS

Quem esteve nas ruas no dia 16, o domingo negro, guardará na lembrança uma história digna de ser contada aos filhos e recontada aos netos. Sem que os partidos políticos ou sindicatos fizessem qualquer apelo significativo, e tendo como exemplo duas passeatas de colegiais, centenas de milhares de brasileiros saíram às ruas para protagonizar a maior manifestação espontânea da História do país. Em dezenas de cidades, as pessoas se vestiram de preto para protestar contra a corrupção, o abuso do poder, os privilégios, o tráfico de influência, a mentira. Da participação individual de cada um dos manifestantes nasceu uma grande experiência coletiva: a de mostrar aos governantes que não se tolera mais a impunidade. Fez-se história naquele domingo. (…)

O que houve no domingo, e continuou a existir durante a semana, é o show de maturidade dos brasileiros, a expressão acabada do patriotismo.

O movimento nas ruas, pacífico e ordeiro, não só é legítimo como contribui para desatar o nó da crise política. Mas o pleno exercício da cidadania, dentro dos quadros da legalidade, não se esgota nas passeatas, atos públicos e carreatas. É preciso que as instituições democráticas, dentro dos parâmetros da Justiça, decidam o que é melhor para o país. (…) É chegada a hora de os brasileiros dizerem a seus representantes no Senado e na Câmara qual deve ser o desenlace da crise. Podem fazer isso com telegramas, fax, abaixo-assinados, cartazes e nas ruas, em alto e bom som.

(*Veja*, 26 ago. 1992, Carta ao leitor, p. 17.)

anos. O vice, Itamar Franco, tornava-se presidente da República, pregando um governo de conciliação para tirar o país da crise. Terminava, assim, a "era do caçador de marajás".

Conclusão

Após a exposição de tantos fatos, vale questionar: de que forma deve ser avaliada a transição brasileira? Até que ponto ela implicou em mudanças significativas?

De início, é possível apontar um aspecto muito positivo de todo esse processo: a presença da população, reivindicando, exigindo, participando. Mais do que votar, a cidadania precisa ser vivida integralmente. Em pelo menos três momentos, essas manifestações exerceram um papel importante. A campanha das "Diretas-já", mesmo tendo sido derrotada em seu objetivo central, foi fundamental para o enfraquecimento da ditadura e para a retomada dos princípios democráticos. A mobilização durante as eleições de 1989, quando enfim se elegeu diretamente o primeiro presidente desde o golpe, representou o envolvimento da sociedade no debate dos principais problemas do país. Por sua vez, a pressão pelo *impeachment* de Collor revelou que a população não aceitava impunemente a incompetência e a corrupção.

Muitos economistas e sociólogos consideram os anos 80 como a "década perdida", pois, durante esse período, o Brasil, apesar de várias tentativas, não conseguiu controlar sua economia e, consequentemente, a sociedade sofreu com a queda na qualidade de vida. Contudo, o que se viu nesses anos foi o aumento da participação popular e o próprio aprendizado da democracia. Os diferentes caminhos trilhados e as sucessivas frustrações tornaram os brasileiros mais maduros e aptos para entender melhor as dificuldades do país.

Comemoração do *impeachment* na Avenida Paulista, São Paulo, em setembro de 1992. A pressão popular e a total inviabilidade da continuação do governo derrubaram o presidente Collor. Iniciava-se o período Itamar, marcado pelo desejo de se criar uma frente ampla que desse sustentação ao novo governo.

Houve, entretanto, alguns limites na transição para a democracia. As eleições diretas para presidente da República ocorreram apenas em 1989. Até hoje não foram implementados projetos de reforma agrária e urbana, tributária e eleitoral, que melhorem a distribuição de renda e aprofundem a democracia no país. São muitos os vícios da legislação eleitoral, o que contribui para que maus políticos sejam eleitos e estejam sempre no poder. Com certeza, nem todos os políticos são corruptos ou interesseiros. Há os que agem por princípios, honestamente. É preciso saber identificá-los.

E o que significa cidadania? Significa que todas as pessoas têm direito a uma vida digna, com saúde, emprego, moradia, alimentação, escola. É também direito de expressar sua opinião nas questões que envolvem os destinos de seu município, estado e país, seja através do voto, seja por meio de outros veículos de manifestação da opinião (jornais, revistas, Internet, TV, rádio, protestos, comícios, clubes, associações de bairros, igrejas etc.).

A consolidação da cidadania necessita do esforço de cada indivíduo. Começa nas coisas mais simples, como verificar se o alimento que compramos está em perfeitas condições de consumo, bem embalado, dentro do prazo de validade. Ou se o produto tem realmente as qualidades anunciadas na propaganda.

A escola é um lugar privilegiado para o aprendizado do exercício da cidadania. É na escola que a maioria das pessoas aprende a ler, a escrever, a praticar uma profissão, a respeitar os outros e a si mesmas. Pensando assim, alunos que deliberadamente conturbam as aulas e impedem seus colegas de aprender e os professores de ensinar são tão perniciosos quanto o descaso com os prédios e os materiais das escolas públicas — que deveriam ser a garantia de ensino para todos —, depredados por pessoas não interessadas no crescimento de todos.

Passeata pelas Diretas, em abril de 1984. A participação popular revelou-se decisiva para o fim da ditadura e o início da redemocratização do país. Em comícios e passeatas, a população salientava, muitas vezes, que a democracia, além de liberdade de expressão, significa condições dignas de vida e trabalho.

Ao mesmo tempo, pais que estacionam seus carros em fila dupla na frente das escolas, por exemplo, estão desrespeitando as leis de trânsito e prejudicando outras pessoas. São situações do cotidiano, que a todo momento nos lembram o quanto o exercício da cidadania se faz necessário.

Cidadania é sinônimo de dignidade para todos e deve ser sempre acompanhada de democracia. Porque não basta "saber de cor" a história da transição da democracia no Brasil, nem ter lutado pelas eleições diretas: quem vota, precisa ter e exercer sua cidadania plenamente.

Como avaliar nosso processo de volta à democracia? Incompleto, em vários aspectos. É preciso conseguir que todos os brasileiros sejam cidadãos. E essa é uma tarefa que não permite exceções.

Praça Ramos de Azevedo, SP, 1992. A cidadania deve ser vivida no cotidiano. Ela significa direito a uma vida digna e livre. Há sempre um longo caminho a percorrer quando se deseja que o poder seja exercido com competência e respeito aos direitos humanos.

Marcos Fernandes/Agência Estado

Cronologia

1964	Golpe militar, em 31 de março.
1969-74	Governo Médici. Início da fase mais brutal da ditadura.
1974	Geisel torna-se presidente. Eleições parlamentares marcam o crescimento da oposição. Inflação anual de 34,5%.
1977	Geisel decreta o "pacote de abril" e impõe restrições à abertura. Reabertura do Congresso.
1978	Greves de metalúrgicos do ABC, São Paulo. Novas eleições parlamentares ratificam o crescimento da oposição.
1979	Figueiredo assume a presidência. Lei de Anistia, aprovada em 28 de agosto. Reforma partidária e pluripartidarismo.
1980	Surgem PMDB, PDS, PT, PTB e PDT. Inflação anual de 110,2%.
1981	Atentado no Riocentro (1º maio). PIB brasileiro atinge -3,1%.
1982	Eleições diretas para governador marcam vitória expressiva do PMDB.
1983	Brasil recorre ao FMI, que passa a monitorar a economia do país. Movimento dos desempregados de Santo Amaro, São Paulo. Criação da Central Única dos Trabalhadores (CUT). PT promove o primeiro comício pelas eleições diretas em São Paulo (27 nov.).
1984	Campanha das "Diretas-já" deslancha com grandes comícios. Derrota da emenda Dante de Oliveira (25 abr.). Surge o PFL (13 ago.).
1985	Vitória de Tancredo no Colégio Eleitoral (15 jan.). Morte de Tancredo (21 abr.) e posse de Sarney (15 mar.). Inicia-se a "Nova República". Congresso aprova lei que restabelece eleições diretas para presidente. Eleições diretas para prefeitos das capitais. Inflação anual de 235,5%.

Ano	Eventos
1986	Plano Cruzado, instituído em 28 de fevereiro. Criação da Central Geral dos Trabalhadores (CGT), em 23 de março. Vitória do PMDB em quase todos os Estados, nas eleições para deputado federal, senador, governador e deputado estadual. Collor é eleito governador de Alagoas. Plano Cruzado II, instituído em 21 de novembro.
1987	Instalação da Assembleia Nacional Constituinte, a quinta da história do país. Início, em 1º de dezembro, da elaboração da nova Constituição.
1988	Constituição é promulgada (5 out.). Surge o PSDB (25 jun.). Assassinato do seringueiro Chico Mendes, em 22 de dezembro.
1989	1º turno das eleições diretas para presidente da República (15 nov.). Collor e Lula classificam-se para o 2º turno, realizado em 17 de dezembro. Collor é eleito presidente.
1990	Plano Collor, decretado em 15 de março, mesmo dia da sua posse como presidente. Inflação anual de 2750%.
1991	Plano Collor II (31 jan.). Dentre os vários casos de corrupção, é denunciada a primeira-dama.
1992	Pedro Collor apresenta dossiê contra o "esquema PC". Aberta CPI na Câmara para investigar caso PC. Renúncia e *impeachment* de Collor. Itamar assume a Presidência. Chacina no presídio do Carandiru, em São Paulo.

Bibliografia

FAUSTO, Boris. *História do Brasil*. 2ª ed. São Paulo, Edusp/FDE, 1995.

Trabalho acessível relativo à história do Brasil; nele, serão encontradas análises concernentes ao período estudado, bem como a épocas anteriores referidas aqui apenas de passagem.

SOLA, Lourdes & PAULANI, Leda (orgs.). *Lições da década de 80*. São Paulo/Genebra, Edusp/UNRISD, 1995.

Trabalho mais acadêmico, composto por uma série de artigos escritos por sociólogos e cientistas políticos a respeito do tema.

Livros de autoria de jornalistas:

KRIEGER, Gustavo *et alii*. *Todos os sócios do presidente*. 3ª ed. São Paulo, Scritta, 1992.
A respeito do *impeachment* de Collor.

SINGER, André (org.). *Sem medo de ser feliz: cenas de campanha*. São Paulo, Scritta, 1990.
Sobre a campanha presidencial de 1989.

Fotojornalismo. São Paulo, Folha de S.Paulo, 1988.
Material fotográfico publicado no jornal paulista entre 1983-87.

90 charges: diretas 89. São Paulo, Folha de S.Paulo, 1990.
Charges do ano de 1989 veiculadas na *Folha de S.Paulo*.

20 textos que fizeram a história. São Paulo, Folha de S.Paulo, 1991.
Textos sobre diversos assuntos referentes a todo o período analisado.

Bibliografia complementar:

Abaixo, arrolamos um pequeno levantamento bibliográfico referente ao período estudado.

CAMARGO, A. & DINIZ, E. (orgs.) *Continuidade e mudança no Brasil da Nova República*. Rio de Janeiro, Iuperj, 1989.

DREIFUSS, R. A. *O jogo da direita na Nova República*. Petrópolis, Vozes, 1989.

KANDIR, A. *Constituinte, economia e política na Nova República*. São Paulo, Cortez, 1986.

REALE, M. *De Tancredo a Collor*. São Paulo, Siciliano, 1992.

RODRIGUES, M. *A década de 80*. 2ª ed. São Paulo, Ática, 1994.

SKIDMORE, Y. E. *Brasil: de Castelo a Tancredo, 1964-85*. Rio de Janeiro, Paz e Terra, 1988.

UNGER, R. M. *A alternativa transformadora*. Rio de Janeiro, Guanabara Koogan, 1990.

WAYNE, A. S. *A abertura política no Brasil*. São Paulo, Convívio, 1988.

Biblioteca eletrônica:

Sites da Internet podem ajudar o leitor a continuar sua pesquisa sobre os temas apresentados. Pela própria natureza dos endereços eletrônicos, a lista é parcial e seus conteúdos sofrem alterações periódicas.

AÇÃO DA CIDADANIA CONTRA A FOME, A MISÉRIA E PELA VIDA
www.acaodacidadania.com.br

AGÊNCIA DO CIDADÃO
http://www.cenapad.unicamp.br/CENAPAD/parcerias/agencia/index.htm

ESCOLA DO FUTURO/USP – EDUCANDO PARA A CIDADANIA
www.futuro.usp.br

IBASE – INSTITUTO BRASILEIRO DE ANÁLISES SOCIAIS E ECONÔMICAS
www.ibase.org.br

NAÇÕES UNIDAS NO BRASIL – DECLARAÇÃO DOS DIREITOS HUMANOS
www.onu-brasil.org.br/documentos_direitoshumanos.php

UNICEF – BRASIL
www.unicef.org.br

ONU – Programa das Nações Unidas para o Desenvolvimento – PNUD
www.pnud.org.br

MINISTÉRIO DA JUSTIÇA – programa nacional de direitos humanos
www.mj.gov.br/sedh/ct/CORDE/dpdh/dirhum/progdh.asp

SENADO FEDERAL
www.senado.gov.br

CÂMARA DOS DEPUTADOS
www.camara.gov.br

PFL
www.pfl.org.br

PSDB
www.psdb.org.br

PT
www.pt.org.br

PDT
www.pdt.org.br

PC do B
www.pcdob.org.br

ORDEM DOS ADVOGADOS DO BRASIL
www.oab.org.br

CENTRAL ÚNICA DOS TRABALHADORES
www.cut.org.br

MOVIMENTO DOS SEM-TERRA
www.mst.org.br

A que assistir?

Eles não usam black-tie, direção de Leon Hirszman (1981, Brasil, 127 min., Globo Vídeo).

Filho de sindicalista não quer entrar em greve porque a namorada está grávida. Emocionante adaptação atualizada da peça de Gianfrancesco Guarnieri, com ótimo elenco e muita vibração nas cenas de movimentação popular. Premiado no Festival de Veneza.

Patriamada, direção de Tizuka Yamasaki (1985, Brasil, 103 min., Nacional Vídeo).

Com formato de semidocumentário, é um valioso subsídio para os cursos sobre a realidade brasileira (história, política, sociologia e economia).

Pra frente, Brasil, direção de Roberto Farias (1983, Brasil, 105 min., Poletel).

Trata-se de um policial de cunho político. A história é ambientada durante a Copa de 70, com a euforia popular pelo tricampeonato do mundo. "Pra frente, Brasil, salve a seleção" era o refrão do hino da Copa.

Documentários:

Braços cruzados, máquinas paradas, direção de Roberto Gervitz e Sérgio Toledo (1979, Brasil, 75 min., Cine & Vídeo).

As greves metalúrgicas de 1978 em São Paulo e as eleições para o Sindicato dos Trabalhadores servem de base para uma reflexão sobre a estrutura sindical brasileira. Narrativa muito bem construída e envolvente. Excelente documento histórico sobre o movimento operário.

Céu aberto, direção de João Batista de Andrade (1985, Brasil, 78 min., Vídeo Cassete do Brasil).

A longa agonia e a traumatizante morte do presidente Tancredo Neves. O diretor aponta sua câmara para alvos inesperados, surpreendendo poderosos em conchavos ou com expressões inadequadas para o momento. Documentário que estimula uma reflexão sobre os bastidores da história oficial.

Como era velha a Nova República, direção de Nilson de Araújo (1987, Brasil, 22 min., Cine & Vídeo).

Reportagem política realizada no Distrito Federal sobre as eleições constituintes e o fracasso do Plano Cruzado. As melhores imagens ficam por conta da decepção generalizada com o fracasso do Plano Cruzado e da repressão policial ao quebra-quebra de novembro de 1986.

Greve, direção João Batista de Andrade (1979, Brasil, 37 min., Cine & Vídeo).

Os principais acontecimentos da greve dos metalúrgicos do ABC (São Paulo), em março de 1979, visto dentro do quadro político da época, com a mudança de governo e o projeto de abertura. Análise política realizada por meio de uma linguagem simples e ágil.

Linha de montagem, direção de Renato Tapajós (1982, Brasil, 90 min., Cine & Vídeo).

O desenrolar dos acontecimentos das greves de 1979 e 1980 em São Bernardo do Campo (São Paulo), a partir do ponto de vista do Sindicato dos Metalúrgicos daquela região. Foi nessa época que começou a se formar o Partido dos Trabalhadores.

Operação Brasil, direção de Luís Alberto Pereira (1985, Brasil, 11 min., Cine & Vídeo).

Análise do caos, da desinformação e da fé gerados pela fabricação do mito Tancredo Neves, a partir de sua chegada ao Instituto do Coração em São Paulo, sua morte e o trajeto triunfal até o aeroporto de Congonhas. Obra polêmica sobre o início trágico da chamada "Nova República".

Terra para Rose, direção de Tetê Moraes (1987, Brasil, 84 min., Sagres).

Um dos melhores documentos sobre o conflito de terras realizado no cinema brasileiro nos últimos anos. Um filme inteligente, sensível, dirigido a quem pretende conhecer um pouco do lado obscuro da nossa realidade, apresentada com depoimentos fortes e imagens vigorosas.

Trabalhadores presentes, direção de João Batista de Andrade (1979, Brasil, 43 min., Cine & Vídeo).

Reportagem sobre a festa de Primeiro de Maio, comemorada no Estádio de Vila Euclides, em São Bernardo do Campo. Mostra também a greve dos motoristas e cobradores de ônibus de São Paulo, deflagrada no mesmo dia. Documento representativo das manifestações dos trabalhadores.

QUE HISTÓRIA É ESTA?

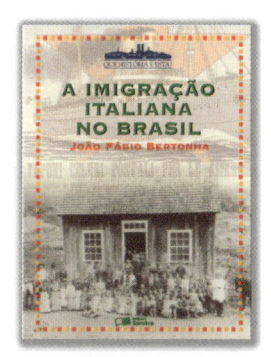

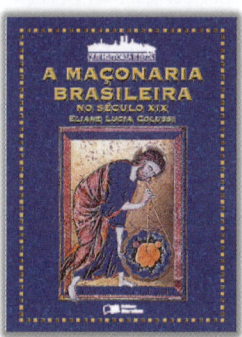

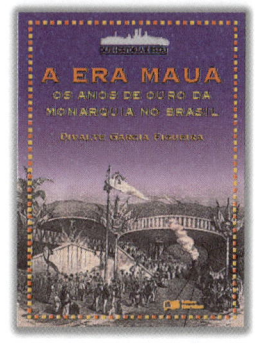

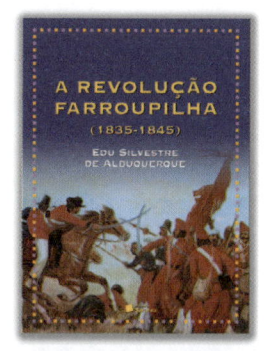

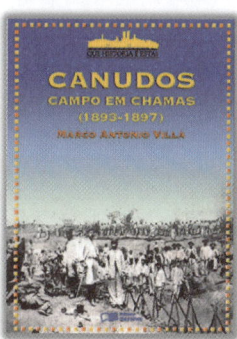

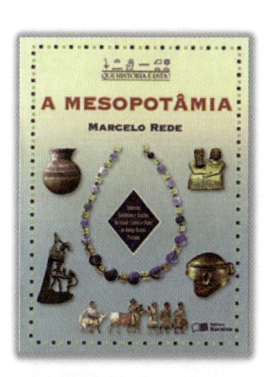

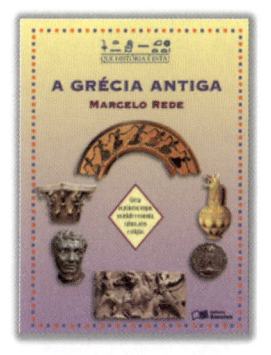

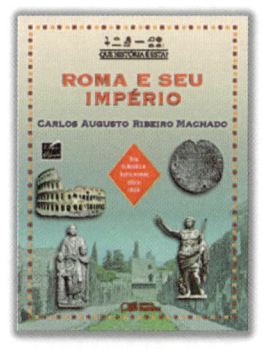

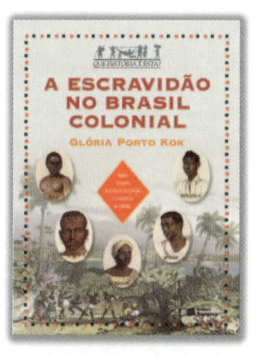

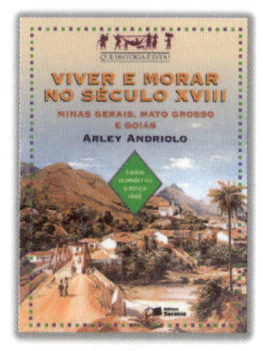

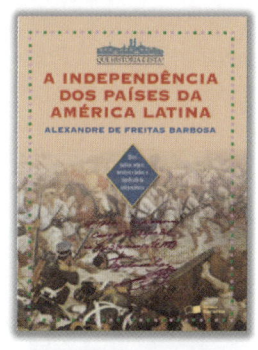

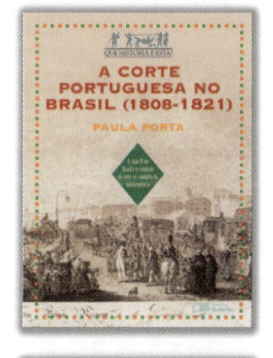

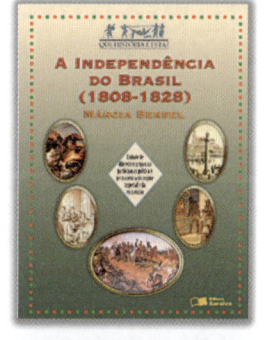

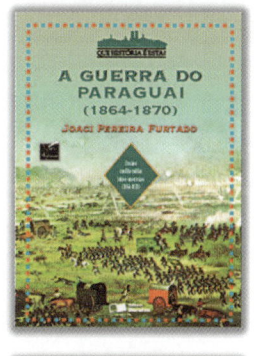

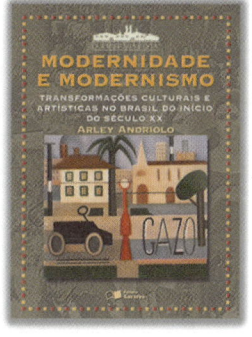

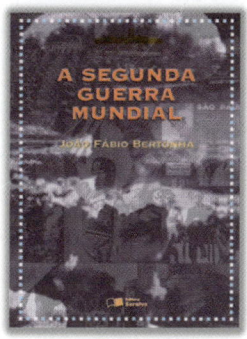

- A IMIGRAÇÃO ITALIANA NO BRASIL — João Fábio Bertonha
- OS REMEIROS DO RIO SÃO FRANCISCO — Zanoni Neves
- O CAFÉ E A IMIGRAÇÃO — Sônia Maria de Freitas
- A REVOLUÇÃO FARROUPILHA (1835-1845) — Edu Silvestre de Albuquerque
- O EGITO ANTIGO — Maurício Elvis Schneider
- A MAÇONARIA BRASILEIRA NO SÉCULO XIX — Eliane Lucia Colussi
- A ERA MAUÁ: OS ANOS DE OURO DA MONARQUIA NO BRASIL — Osvaldo Garcia Figueira
- CANUDOS: CAMPO EM CHAMAS (1893-1897) — Marco Antonio Villa
- A MESOPOTÂMIA — Marcelo Rede
- A GRÉCIA ANTIGA — Marcelo Rede
- ROMA E SEU IMPÉRIO — Carlos Augusto Ribeiro Machado
- A ESCRAVIDÃO NO BRASIL COLONIAL — Glória Porto Kok
- VIVER E MORAR NO SÉCULO XVIII: MINAS GERAIS, MATO GROSSO E GOIÁS — Arley Andriolo
- A INDEPENDÊNCIA DOS PAÍSES DA AMÉRICA LATINA — Alexandre de Freitas Barbosa
- A CORTE PORTUGUESA NO BRASIL (1808-1821) — Paula Porta
- A INDEPENDÊNCIA DO BRASIL (1808-1828) — Niáucia Buarra
- A GUERRA DO PARAGUAI (1864-1870) — Joaci Pereira Furtado
- A REVOLTA DA CHIBATA: RIO DE JANEIRO, 1910 — Maria Inês Roland
- REVOLUÇÕES NA AMÉRICA LATINA CONTEMPORÂNEA: MÉXICO, BOLÍVIA E CUBA — Everaldo de Oliveira Andrade
- MODERNIDADE E MODERNISMO: TRANSFORMAÇÕES CULTURAIS E ARTÍSTICAS NO BRASIL DO INÍCIO DO SÉCULO XX — Arley Andriolo
- A SEGUNDA GUERRA MUNDIAL — João Fábio Bertonha
- O REGIME MILITAR NO BRASIL (1964-1985) — Carlos Fico
- A VOLTA DA DEMOCRACIA NO BRASIL (1984-1992) — Marco Antonio Silveira

IMPRESSÃO E ACABAMENTO
YANGRAF
GRÁFICA E EDITORA LTDA.
WWW.YANGRAF.COM.BR
(11) 2095-7722

A volta da democracia no Brasil (1984-1992)

Marco Antonio Silveira

Suplemento de trabalho

• Que história é esta? A volta da democracia no Brasil (1984-1992)

Com este livro, você pôde conhecer um pouco mais da nossa história recente. Recente e muito importante, pois muito do que vivemos hoje é resultado dos acontecimentos relatados no livro. Que tal alguns exercícios para fixar a ocorrência desses acontecimentos e também para tentar compreender seus reflexos na nossa situação atual?

1. O que era a chamada "linha-dura" do regime militar?
R.: _____
_____
_____
_____
_____
_____

2. Veja esta canção, "O bêbado e o equilibrista", de Aldir Blanc e João Bosco, popularizada pela interpretação de Elis Regina:

Meu Brasil

que sonha

Com a volta do irmão do Henfil

Com tanta gente que partiu

Num rabo-de-foguete

Chora, a nossa pátria mãe gentil

Choram Marias e Clarisses

No solo do Brasil

Mas sei que uma dor assim pungente
Não há de ser impunemente
A Esperança dança
Na corda bamba de sombrinha
E em cada passo dessa linha
Pode se machucar

Azar
A Esperança equilibrista
Sabe que o show de todo artista
Tem que continuar

a) Essa canção menciona a situação dos exilados políticos, que deixaram o Brasil devido à perseguição política e à ameaça de prisão pela ditadura. Menciona também a tristeza dos parentes que aqui ficaram. Releia a introdução do livro e tente explicar em que época e contexto essa música foi escrita.
R.: _____
_____
_____
_____

b) Henfil (Henrique de Souza Filho) foi um famoso desenhista de humor das décadas de 1970 e 1980. Suas histórias em quadrinhos e charges incomodavam os políticos e os poderosos, pois ele os tratava com críticas ferozes e gozações. Procure achar alguns exemplos do trabalho de Henfil em revistas antigas e monte alguns cartazes para expor à classe.

c) O "irmão do Henfil", citado na música, é o sociólogo Herbert de Souza, conhecido como Betinho, que deixou o país durante a ditadura e retornou com a anistia. Nos últimos anos de sua vida, Betinho se notabilizou com a "Ação pela Cidadania contra a Fome". Forme um grupo com seus colegas e faça uma pequena pesquisa sobre a vida e o trabalho de Betinho.

3. Em que consistia a "abertura política" e por quais governos foi implementada?
R.: _____
_____
_____
_____
_____
_____

9. Para combater a inflação, diversos governos promoveram planos econômicos. Um dos mais ousados foi, sem dúvida, o implantado logo no início do governo Collor. Veja a foto da página 30 e tente explicar por que as pessoas correram aos bancos. Pergunte a alguém da família o que aconteceu naquela época.
R.: _____

_____

_____

_____

_____

10. Quem eram os caras-pintadas?
R.: _____

_____

_____

_____

_____

11. Procure algum conhecido/a que tenha sido "cara-pintada" e faça uma pequena entrevista: por que foi às ruas? Por que pintava o rosto? Seus colegas também se engajaram nessa luta? O que ele/ela acha da participação dos jovens na política? Há outras formas de interferir na sociedade além da política? Anote essas respostas, e de todas as outras perguntas mais que você queira fazer, e elabore uma conclusão a respeito da participação de estudantes na política.

12. Pergunte a seus pais, parentes e pessoas mais velhas de seu relacionamento como eles acompanharam as manifestações pelas "Diretas-já" (1984) e pelo *impeachment* do presidente Collor (1992). Anote as histórias e opiniões (caso tenham fotografias, peça emprestado) e apresente o material para a classe, junto com os demais colegas.

Nome:
Ano: Número:

QUE HISTÓRIA É ESTA?

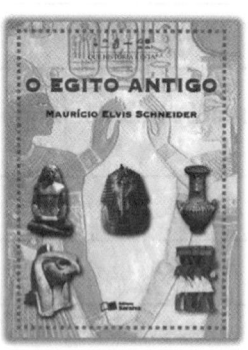

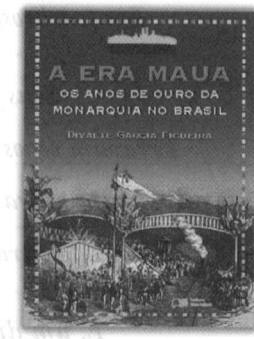

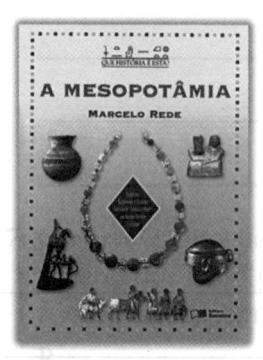

- A IMIGRAÇÃO ITALIANA NO BRASIL — João Fábio Bertonha
- OS REMEIROS DO RIO SÃO FRANCISCO — Zanoni Neves
- O CAFÉ E A IMIGRAÇÃO — Sônia Maria de Freitas
- A REVOLUÇÃO FARROUPILHA (1835-1845) — Edu Silvestre de Albuquerque
- O EGITO ANTIGO — Maurício Elvis Schneider
- A MAÇONARIA BRASILEIRA NO SÉCULO XIX — Eliane Lucia Colussi
- A ERA MAUÁ — OS ANOS DE OURO DA MONARQUIA NO BRASIL — Divalte Garcia Figueira
- CANUDOS CAMPO EM CHAMAS (1893-1897) — Marco Antonio Villa
- A MESOPOTÂMIA — Marcelo Rede
- A GRÉCIA ANTIGA — Marcelo Rede
- ROMA E SEU IMPÉRIO — Carlos Augusto Ribeiro Machado
- A ESCRAVIDÃO NO BRASIL COLONIAL — Glória Porto Kok
- VIVER E MORAR NO SÉCULO XVIII — MINAS GERAIS, MATO GROSSO E GOIÁS — Arley Andriolo
- A INDEPENDÊNCIA DOS PAÍSES DA AMÉRICA LATINA — Alexandre de Freitas Barbosa
- A CORTE PORTUGUESA NO BRASIL (1808-1821) — Paula Porta
- A INDEPENDÊNCIA DO BRASIL (1808-1828) — Márcia Berbel
- A GUERRA DO PARAGUAI (1864-1870) — Joaci Pereira Furtado
- A REVOLTA DA CHIBATA — RIO DE JANEIRO, 1910 — Maria Inês Roland
- REVOLUÇÕES NA AMÉRICA LATINA CONTEMPORÂNEA — MÉXICO, BOLÍVIA E CUBA — Everaldo de Oliveira Andrade
- MODERNIDADE E MODERNISMO — TRANSFORMAÇÕES CULTURAIS E ARTÍSTICAS NO BRASIL DO INÍCIO DO SÉCULO XX — Arley Andriolo
- A SEGUNDA GUERRA MUNDIAL — Fábio Bertonha
- O REGIME MILITAR NO BRASIL (1964-1985) — Carlos Fico
- A VOLTA DA DEMOCRACIA NO BRASIL (1984-1992) — Marco Antonio Silveira

9. Para combater a inflação, diversos governos promoveram planos econômicos. Um dos mais ousados foi, sem dúvida, o implantado logo no início do governo Collor. Veja a foto da página 30 e tente explicar por que as pessoas correram aos bancos. Pergunte a alguém da família o que aconteceu naquela época.
   R.: _____
   _____
   _____
   _____
   _____

10. Quem eram os caras-pintadas?
    R.: _____
    _____
    _____
    _____
    _____

11. Procure algum conhecido/a que tenha sido "cara-pintada" e faça uma pequena entrevista: por que foi às ruas? Por que pintava o rosto? Seus colegas também se engajaram nessa luta? O que ele/ela acha da participação dos jovens na política? Há outras formas de interferir na sociedade além da política? Anote essas respostas, e de todas as outras perguntas mais que você queira fazer, e elabore uma conclusão a respeito da participação de estudantes na política.

12. Pergunte a seus pais, parentes e pessoas mais velhas de seu relacionamento como eles acompanharam as manifestações pelas "Diretas-já" (1984) e pelo *impeachment* do presidente Collor (1992). Anote as histórias e opiniões (caso tenham fotografias, peça emprestado) e apresente o material para a classe, junto com os demais colegas.

Nome: _____

Ano: _____ Número: _____

5. Você deve saber que inflação é o aumento geral dos preços. Nas décadas de 1970 e 1980 – e até recentemente –, a inflação foi um dos principais problemas econômicos do Brasil. Releia o capítulo 2 e tente explicar, com suas palavras, a principal causa da inflação brasileira do período.
R.: _____
_____
_____
_____
_____
_____

6. O que foi a emenda Dante de Oliveira?
R.: _____
_____
_____
_____

7. Observe a foto da página 15. O então senador Fernando Henrique Cardoso entrega o troféu "Joaquim Silvério dos Reis" para um ator mascarado, que satiriza o então governador de São Paulo Paulo Maluf. Quem é esse personagem histórico que nomeia o troféu? O que significa receber esse troféu?
R.: _____
_____
_____
_____
_____
_____
_____

8. Faça uma pesquisa na biblioteca da escola ou de sua cidade. Folheie jornais e revistas da época das eleições presidenciais de 1989. Procure por caricaturas e charges dos candidatos. Escolha os desenhos mais engraçados e tente obter uma cópia. Com a orientação do professor, exponha o material escolhido e tente discutir com os colegas o lado engraçado e o lado sério dos desenhos.

4. Leia o trecho a seguir da canção "Vai passar", de Chico Buarque e Francis Hime, gravada em 1984, e depois responda às questões:

Num tempo
Página infeliz da nossa história
Passagem desbotada na memória
das nossas gerações

Dormia
A nossa pátria-mãe tão distraída
Sem perceber que era subtraída
Em tenebrosas transações

Seus filhos
Erravam cegos pelo continente
Levavam pedras feito penitentes
Erguendo estranhas catedrais

E, um dia, afinal
tinham direito a uma alegria fugaz
Uma ofegante epidemia
Que se chamava: o carnaval

a) A que período se refere "página infeliz de nossa história" da primeira estrofe?
R.: _____
_____
_____

b) Qual o sentido dos versos "a nossa pátria-mãe... era subtraída em tenebrosas transações"?
R.: _____
_____
_____
_____

c) O que seriam as "estranhas catedrais" erguidas pelos "filhos da pátria-mãe"?
R.: _____
_____
_____
_____
_____

QUE HISTÓRIA É ESTA?

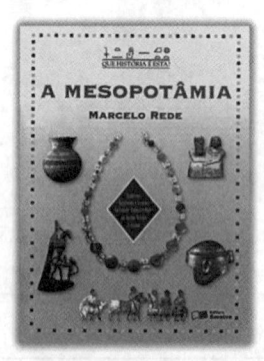